当众讲话的艺术

一分钟助你赢得人心

崔伟 著

中国法制出版社
CHINA LEGAL PUBLISHING HOUSE

推荐序
PREFACE

欣闻崔伟老师即将推新作，在此首先表示衷心祝贺！

我曾一度好奇崔老师新作的内容，所以在电话聊天中得知他的这本即将出版的书籍冠名为《当众讲话的艺术》。的确，这些年关于演讲、演说的书籍层出不穷，但关于当众讲话的不太多见，且指导意义不强，而当众讲话又是一项重要的表达技能，需要专业人士和专业知识来指导。

有调查表明，95%的人都害怕当众讲话，大多数人就算鼓起勇气当众讲话，其效果也差强人意：

一对一讲话还好，但面对众人讲话时，总是心跳加速，手心出汗，面红耳赤，大脑一片空白，语无伦次；

亲朋好友聚会，轮到自己发言，总是“吃好喝好”“都在酒里了”这两句，被人调侃；

台下讲话还凑合，一旦上台，就浑身哆嗦，紧张得手脚无处安放，不敢抬头，不敢和听众进行目光交流，越说越快，只想尽快结束演讲；

向领导汇报工作时，思维不清晰，重点不突出，逻辑也混乱，讲起来词不达意，磕磕巴巴，不受领导待见；

会议上等待发言，就像等某种倒计时，比上刑场还难受，待轮到自己，头脑更是一片空白，声音颤抖，语不成句，遭人耻笑；

……

不会当众讲话，不仅会给自己的工作生活带来很多困扰，同时也会失去很多机遇，温斯顿·丘吉尔说：“你能对多少人当众讲话，你的事业就有多大。”的确，拥有当众讲话能力的人总是能够成为人群中受人瞩目的焦点，可以凭借自己出色的口才和表现能力在短时间内赢得人心。很多时候，干得好不如讲得好，那些具备非凡领导力和影响力的人物，无不是当众讲话的高手，古往今来，从毛泽东到乔布斯、从柳传志到马云，哪一位成功人士不是出口成章的超级演说家，他们面对众人讲话如同行云流水一般自如。

“茶壶里煮饺子，有货倒不出”是很多人当众讲话时的心理困惑，要想摆脱这种困境，成为当众讲话的高手，需要刻意学习和练习。

那么，我们究竟怎样才能自信从容地当众讲话？怎样才能讲得出彩，让听众欲罢不能？怎样才能在讲话时释放自己的影响力和个人魅力，轻松驾驭任何当众讲话的场合？

这些问题崔老师在《当众讲话的艺术》这本书中做了详细剖析和讲解，他结合自己多年来当众讲话的实践经验和培训总结，从突破心理障碍，组织讲话内容与框架，训练台风、声音，提升表达能力、沟通能力等诸多方面，挖掘出隐藏在细节中的当众讲话的窍门，帮你掌握会议、致辞、演讲、辩论、采访等多种场合的当众讲话的技巧。

我感激人生中能与崔伟老师认识，我同时也坚信，崔老师的《当众讲话的艺术》会让更多的人学会当众讲话、演讲演说的艺术，获得更多的掌声，实现跨越式成长，创造更精彩的人生。

清华英语神厨张立勇

2018年8月28日于清华园

序言
PREFACE

在我们的工作、生活、人际交往中，随时随地都可能遇到需要当众讲话的情况。比如，面试竞岗、就职演讲、会议讲话、商务谈判、接受采访、动员讲话、活动组织、聚会发言、汇报工作、即兴演说，等等。可以说，当众讲话的水平直接影响到我们事业的成功、生活的幸福以及人际关系的和谐。

你是否有过这样的烦恼？开会发言时紧张冒汗，即兴演说时慌慌张张，聚会讲话时词不达意，主持会议时不知所措，登台演讲时突然忘词……如果答案是肯定的，那么，请你毫不犹豫地打开此书，认真地阅读下去，本书将帮助许许多多不敢或不善于当众讲话的人消除烦恼。

很多人感叹自己口才平庸，比不上古今中外那些口才出众的演讲家们。其实，想要拥有伟人和名人那样睿智幽默的谈吐，不仅需要渊博的学识和丰富的阅历作为基础，还需要我们平时多加实践和训练，经常在公共场合开口讲话，锻炼自己的胆量和各方面的技巧。只有厚积薄发，做好充分准备的人，才能在当众讲话时底气十足、胸有成竹。

总而言之，当众讲话是讲话者思想境界、学识修养、口才水准及气质风度、个性魅力的外在体现，是讲话者在仪表、举止、礼貌、表情、谈吐上的综合表现。因此，要有针对性地训练自己各方面的素质。成功的讲话者善于运用各种方式让听众听得如痴如醉，并在讲话的过程中充分展示自己的魅力，做到一开口就能征服听众。

本书为渴望提高自己当众讲话水平的人们提供了一条便捷的途径。全书内容分为十一章，用深入浅出的语言将当众讲话者应当掌握的重要知识和必要技巧娓娓道来。

本书将告诉读者如何突破心理障碍，大胆开口；如何收集、组织、取舍讲话材料；如何构思讲话内容，做到思路清晰；如何训练台风，做到风度翩翩；如何锤炼声音，感染听众；如何提高语言表达能力，征服听众；如何激发听众的感情共鸣，打动人心；如何善用讲话技巧，吸引听众的注意力；如何与听众进行现场互动交流，达成和谐沟通；如何应对当众讲话中的雷区，避免尴尬；如何有针对性地在各种讲话场合做到游刃有余。

阅读本书后，读者只要认真地按照书中的方法去做，重视积累并勤加实践，练好讲话功底，掌握讲话技巧，假以时日，便能脱颖而出，大放异彩，让听众的掌声热烈地响起来！

目 录

Contents

第十一章　勤于实践，在各种讲话场合游刃有余

第一章

大胆开口，
突破不敢当众讲话的心理障碍

克服当众讲话第一关卡——胆怯

当众讲话，顾名思义就是在公开场合面对一定数量的听众讲话。当众讲话不仅能够体现一个人的语言表达能力，还能反映出他/她的心理素质、思维能力、逻辑能力、沟通能力、仪态仪表等各方面水平的高低，所以，我们每个人都应当提高自己当众讲话的能力，让自己能够在他人面前展现属于自己的风采。

不过，在现实生活中，有不少人还做不到自信、从容地当众讲话，究其原因，主要还是心理素质不高，突破不了当众讲话的最大心理障碍——胆怯。胆怯的人，一想到自己即将当着众人的面开口讲话，就会情不自禁地心跳加速、呼吸局促，严重时还可能出现头晕、手脚发麻、全身颤抖的状况。所以，他们常常会想尽一切办法避免当众讲话，也会因此失去很多表现自己、赢得他人认可的大好机会。

据说，美国有一位心理学家曾经做过一个问卷调查，问卷中有一个这样的问题：请如实选择你感到最恐怖的事情。在问题的选项中包含了多种答案，如"死亡""被毒蛇袭击""遭遇离奇古怪的事物""当众讲话"等。在随机访问了大量对象后，心理学家将收集到的答案进行汇总，赫然发现他原以为会排在第一位的"死亡"竟然屈居第二位，而被访问对象们公认为"最恐怖的事情"竟是"当众讲话"。选择这个选项的人数比例高达41%。由此可见，对当众讲话怀有胆怯甚至恐惧心理的人绝非少数，就连有“最伟大的演说家”之称的英国前首相丘吉尔也曾满怀感慨地说道：“人生有三件最难的事情。第一是爬上一堵正在倒向你的墙，第二是吻一个决心要离开你的姑娘，第三就是当众讲话。”

我们为什么会如此害怕当众讲话呢？是怕自己会说错话吗？其实并不见得。事实上，我们更怕的是自己当众讲话后，别人会不喜欢、不认可，并可能会因此发出批评、嘲笑、挖苦的声音。正是因为担心“出丑”，担心给别人留下不好的印象，我们才会这么害怕当众讲话。

那么，这种当众讲话的胆怯心理是可以克服的吗？答案是肯定的。如果我们愿意不断调整自己的心态，并想方设法地勇敢迈出第一步，就能够逐渐克服并最终战胜胆怯心理。

1. 不要过于追求完美

俗话说：“金无足赤，人无完人。”所以，我们也不必总是用过分完美的标准要求自己，这种完美主义会让我们对于一切事物过于执着，会让我们对自己的形象、讲话的内容等方面过度关注，由此造成的结果是，让胆怯心理急剧增长，以至于当我们站在众人面前时，会张口结舌、磕磕巴巴，很难顺利地讲出我们真正想要表达的话语。

因此，我们应当放松心态，不要总觉得自己不够完美，或认为自己的表现会比别人差。事实上，很多著名的伟人、文学家、政治家、外交家最初也并不都是完美的演说家，剧作家萧伯纳就曾被称为“伦敦最胆怯的人”，可他能突破胆怯心理，学会了在当众讲话时以声势夺人。所以，我们要以正确的心态认识自己、认识别人，不要被“完美主义”限制了自己的发挥。

2. 不要过于在意听众的看法

害怕听众的负面评价是造成胆怯心理的最主要因素。正是因为过于在意听众的看法，导致我们往往很难发挥自己原有的讲话水平。所以，我们在当众讲话时，要告诉自己此时最重要的是把问题说清楚、说精彩，而不是担心听众会嘲笑我们、指责我们。

对于那些刚刚开始练习当众讲话的人来说，为了摆脱胆怯心理的束缚，可以试着练习“心中有人，目中无人”的讲话方法。也就是说，要做到讲话时心中想着听众，但眼里没有听众，完全按照自己的意图去说，这样可以有效地减轻焦虑和消除恐惧。不过，在当众讲话的水平逐渐提升之后，则不能再对听众“视而不见”，而是应当随时关注听众的反应，并适当调整自己的讲话内容和表达方法，这样才能始终牢牢抓住听众的注意力，让自己的表达获得更加理想的效果。

3. 做好充足的准备

在当众讲话之前，如果能够事先做好充足的准备，就能够有效缓解胆怯心理。而这种准备是多方面的，包括讲话素材的准备、讲话框架的准备以及仪态仪表的准备和事前的反复演练、场地及听众的信息收集，等等。

比如，我们为一次当众讲话准备了长达 1 个小时的丰富内容，可上场前主持人告知我们只有 15 分钟的讲话时间，这种突发状况会让我们方寸大乱，也会让我们感到更加恐惧。像这种问题的产生就是由于准备工作做得不足造成的，如果我们事前能够与主办单位积极沟通，了解清楚讲话时间的安排，就不会造成这样的麻烦，我们在当众讲话时也会更加自信从容。所以，我们的准备工作一定要做得细致一些，这样我们当众讲话的信心就会更加强烈，也不会再为讲话过程中可能出现的意外情况而感到焦虑了。

勤加实践，没有天生的演说家

当众讲话的能力不是与生俱来的，而是讲话者在日常生活中刻意练习、努力培养而得到的。

英国著名的戏剧家萧伯纳，不但以创作才华闻名于世，其出色的演讲才能也得到了世人的推崇。但萧伯纳并不是天生的演说家，年轻时甚至单独跟校长讲话的能力都没有，更别提当众讲话了。

上学的时候，萧伯纳有一次遇到了重要的事情要和校长商量，他在校长室外面徘徊了很久都不敢敲门。当时他的心跳得厉害，手心也开始冒汗，不断想象着校长开门之后种种可怕的事情。他想，校长也许会因为他的打扰而勃然大怒，对他破口大骂，然后将他赶出去；校长也许会取笑他不会讲话……

一连串的想象让萧伯纳在校长室门外足足徘徊了半个小时。在不断地给自己打气后，他终于鼓起勇气推开了校长室的门。事实上，一切可怕的事情都没有发生，校长既没有生气，也没有骂他，更没有把他赶出去。

这件事情让萧伯纳得到了启发：对别人开口讲话，和他人友好地沟通并没有想象中的那么难，只要勇于实践，结果往往都不会太糟糕。

从那以后，性格内向的萧伯纳开始放下思想负担，刻意练习自己讲话的能力。他开始试着与同学闲聊、寒暄，也开始主动认识新朋友，主动与人攀谈、讨论问题，在日常生活中慢慢地锻炼自己讲话的技巧并获取相关经验。

后来，慢慢地，萧伯纳积累了一定的讲话技巧，他开始在市场、教堂、公园、码头等人多的场合练习公开演讲。

刚开始的时候，他不适应众人的目光，但经过一段时间的练习后，就慢慢地习惯了把公众场合当作舞台，可以对着或多或少的听众慷慨陈词了。就是用这样简单的方法，萧伯纳在经过多年刻苦练习之后，最终成为一名出色的演讲家。

从萧伯纳的故事中，我们可以知道在日常生活中练习口才的重要性。那么，作为一个普通人，要锻炼自己当众讲话的技巧，应该从哪几个方面入手呢?

1. 多和家人沟通

家人是我们身边最熟悉的人，面对他们，我们通常不会紧张，更不会害怕，这更利于口才的发挥。

有不少人工作一天回家后，比较累，就懒得开口讲话，久而久之，养成了沉默的习惯，这是不利于提高口才的。只有每天和家人积极交流，不断积累与人沟通的经验和技巧，一个人的讲话能力才能得到锻炼，从而积累起讲话的自信，自然也就越来越喜欢开口讲话了。

2. 多和朋友聊天

先从比较熟悉的朋友开始，经常去拜访他们，或约他们出来小聚，尽可能多地在他们面前讲话，表达自己的观点，或是对他们传达问候和关心。口才有所提升之后，可以去拜访不太熟悉的朋友，或经常给他们打电话，在他们面前锻炼自己的口才。

口才进一步提高之后，可以主动去认识新朋友。在参加活动的过程中，主动与人交谈，抓住一切可以互动的机会，将对方的联系方式记下来，便于日后联系。之后，可以将自己的新朋友慢慢变成自己的老朋友。随着朋友越来越多，你会发现，当众讲话并没有那么难，反而是一件轻松愉快的事情。

3. 积极参加聚会

要想锻炼自己当众讲话的能力，就应该积极参加各种聚会，勇于将自己展现在众人面前，抓住一切当众讲话的机会表现自己。

参加聚会最忌讳的是默不作声、无话可说，你应该主动和周围的人攀谈。聚会前，你可以准备好一些话题，免得在人前紧张、气馁。准备的话题可以是最近的新闻、明星的八卦、朋友圈的热点话题等。此外，你还可以主动关心对方的工作、生活等方面的情况，这样就不会因为没有话题聊而退却、不敢交流了。

除了在聚会中积极与人攀谈之外，你还可以充当聚会的组织者。如果你成为聚会的主持人，参与整个聚会的流程，就有机会和更多的人接触、交流。你还可以组织大家参加一些轻松愉快的节目，在频繁地与人交流的过程中，你会发现自己的口才越来越出众。

想要说服他人，先要相信自己

当众讲话时，想要说服他人接受我们的观点，首先要相信自己。如果对自己都缺乏信心，骨子里不认可自己，又怎么能得到别人的认可呢？充分的自信心是当众讲话的心理支柱，也是演讲成功的秘诀。有了自信心，就可以充分发挥自己的创造力，让自己在讲话的过程中“挥洒自如”。

那么，如何建立当众讲话的自信心呢？方法很多，但贵在实践。你可以尝试用以下几种方法来提高自己的自信心。

1. 建立恰当的目标

据说，丹麦人是世界上最幸福的人，因为他们有一个特点——拥有恰当的目标。他们善于根据自身能力，树立远大而并非遥不可及的目标。

有些人目标定得太低。比如，一个月内敢于当众讲话一次，这样的目标太容易实现了。就算你轻松完成了，也没有成就感，还是会感到自己的能力微不足道，当然不能有效提高讲话的自信心了。

有些人正好相反，把目标定得太高，要求自己一个月内就能像演说大咖一样，在舞台上大放异彩。这样的目标不但难以实现，还会大大打击自己的自信心。虽然有野心是好事，但是太过于野心勃勃而没有能力实现目标，会让你产生挫败感。

什么是恰当的目标？恰当的目标就是：你用力跳起来刚好能碰到的目标；是你经过努力，必然能实现的目标。我们应该根据自己的讲话水平，建立恰当的目标，切勿好大喜功，也不要妄自菲薄，对自己的要求过低。

2. 树立自信的外部形象

你可以试着把自己打扮得漂亮、帅气，精神抖擞地出现在众人面前。当你肯定了自己的外在条件后，讲话时的自信心也会油然而生，所以，这不失为提高自信心的一个方法。

树立充满自信的外部形象是一个非常好的习惯。一个人保持整洁、得体的仪表，有利于增强自己的自信心。举止洒脱，行为端庄，目不斜视，也会让你在公众场合有发自内心的自信。同时，加强锻炼，保持健康的体形，也能增强你在公众面前讲话时的自信心。

3. 懂得扬长避短，趋利避害

口才好的人懂得扬长避短，他们只讲自己擅长的话题，从来不会涉足自己不擅长的领域。我们要培养当众讲话的自信心，就要多在公众场合抓住机会展现自己的优势、特长，同时注意弥补自己言谈中的不足，不断追求进步。这样，你就会提高当众讲话的成功率，也会得到更多的赞扬和欣赏，从而形成自信的良性循环。

你要经常关注自己过往的优点和成就。如果总想着自己的缺点和失败，你当然会越来越没信心。每个人都会有自己的优点和成就，可以把它们列出来，写在纸上，经常看一看、想一想。

同时，你需要保持一定的自豪感。一个人，谦虚是必要的，但不可过度。过分贬低自己的讲话水平，对自信心的培养是极为不利的，应该相信自己能讲得好，对自己的每一点进步都充满自豪感，如此才能自信从容地在公众场合讲话。

4. 讲话时正视别人

与人交流，一定要不躲避眼神的接触，要敢于正视对方。不正视别人通常意味着：我感到很自卑，我感到不如你。正视别人等于告诉他：我很自信，也很诚实，我告诉你的话都是真的，毫不心虚。如果你能做到用眼神关注别人，这不但能提高你的信心，而且能让你赢得别人的信任。

5. 敢于当众发表自己的见解

很多思维敏锐、天资聪颖的人，无法发挥他们的长处，参与讨论。这并不是他们不想参与，而是因为他们缺少信心。如果一个人能积极地发表自己的见解，经常当众发言，就会提高自信心，下次就能轻而易举地在公众场合发言，如此，良性循环也就自然而然地形成了。

6. 通过自我激励，给予自己信心

如何自我激励，给予自己信心呢？

第一，每天醒来，想象成功的画面。一个懂得自我激励的人，每天早晨醒来时，都要对自己有所期待。你可以在脑海中勾画自己成功的形象。如果你希望成为一名成功的演说家，那么就应该想象自己已经站在舞台上大放异彩，得到了观众热烈的掌声，画面想象得越仔细越好。只有这样，你才会对自己的目标有一个清晰的认知，并且始终对自己理想中的生活充满渴求，为着目标而努力奋斗。并且，你会因此变得越来越自信。

第二，每天用积极的语言激励自己。心理学研究表明，当一个人得到正面充分的激励时，会发挥其能力的80%—90%；而一个人在一般状态下，仅发挥其能力的20%—30%。积极正面的语言，会对自己的潜意识产生积极的影响。想要战胜内心的恐惧和障碍，获得当众讲话的勇气和信心，那么，你应该在内心建立一套积极的自我谈话,用于激励自己。以下这套正面语言,可供参考。

自我鼓励：我是最棒的，我一定行！

自我期望：我要成为一名成功的演说家。

自我要求：我要每周练习当众讲话，坚持不懈。

自我关心：我要注意身体，每天运动。

自我奖励：祝贺我，今天又进步一点点，这份礼物送给我自己啦！

别被“我讲不好”限制了发挥

“我讲不好”实际上是一个人自我设限的表现，因为觉得自己讲不好，就不敢走上舞台。拒绝当众讲话的大有人在，这样的人就算勉强敢上台、敢发言，但总是把“我讲不好”挂在嘴边，会给自己造成消极的心理暗示,最终限制了自己讲话水平的发挥,就真的讲不好了。

所以，要甩掉“我讲不好”这个魔咒，首先要有积极的心理暗示。讲话前要对着镜子练习，坚持对自己说“我是最棒的”“我能讲得更好”等积极的语言。心理学研究表明：积极的语言有利于不断提升自己的自信心，有助于把事情做得更加完美。

然后，你可以想象听众都很喜欢你。经常这样想，你走向舞台或当众讲话时就没有那么紧张了。你可以在讲话前就想象自己讲得非常成功，如明星一般，得到了听众们热烈的欢呼声和掌声。这样做更有可能将想象变为现实，因为这实际上也是一种演练。

当然，我们不能一味地乐观而看不清自己的实际情况，甚至养成不懂反省、非常自负的习惯。诚然，一个总是把“我讲不好”挂在嘴边的人，会给人一种很自卑的感觉，从而影响听众对你的评判。而一个自负的人把自己吹上天去，也是非常令人反感的，我们一定不能走这两个极端。

正确的做法是，无论在台上还是台下，都要不卑不亢。每次讲完话后，都要总结经验，回味这一次讲得效果如何。如果你的表现并不能让自己满意，那就分析原因，找出关键问题，并多做努力，提升自己比较薄弱的方面，争取讲得越来越好。

如果在一段时间内遇到了瓶颈，感觉自己怎么也讲不好，也不要气馁，不要停止当众讲话的练习。因为，提高讲话水平最重要的途径还是在于“讲”，只通过学习技巧和理论知识，或者听别人讲，不会有实质性的提高。知识和技巧只是为讲话打好基础，如果自己不去讲，肚子里的货还是没有办法“倒”出来，无法传达给听众。

我们知道，做一件事，经验越多，越容易做好。当众讲话也是一样的道理，想提高讲话水平，只能不断地重复去说。我们也不能因为“讲不好”，就一直默默练习，而不敢登台，不敢在众人面前展示自己的口才。舞台的经验和多次当众讲话的经历都是非常宝贵的，也是提升讲话水平的必要途径。所以，一定要抓住机会，多与听众面对面地交流、沟通、分享。

总结起来，要突破“我讲不好”这个关卡，你需要做到以下几点。

1. 正确地评价自己

一定要正确客观地评价自己的讲话水平，不要妄自菲薄，也不要自傲自负，这两个极端都不利于讲话水平的正常发挥。把“我讲不好”这几个字从脑海中剔除，换成“我的优势和不足”。

对于有自卑心理的人，在讲话前和讲话过程中，应该只想自己的优点，不要去想自己的不足。这样，你会轻松愉快很多，讲话水平也会有所突破，而不是一直被“我讲不好”这个魔咒所束缚，讲话水平不进反退。如果你总是过于频繁地声明“我讲不好”，听众也会质疑你的讲话水平，从而低估了你，形成一个恶性循环。

2. 把自己当成舞台的主角

不管舞台有多大，也不管你当众讲话的时候有没有正式的舞台，你心里都要有一个“舞台”。当你走上舞台的时候，你就是整个舞台的主角，不要有任何顾虑，尽管大胆地说，当话筒和讲话的主权交到你手上的时候，你就要成为主角。

一个受万人瞩目的主角，应该怎样做？你需要做的就是尽可能地释放自己的光芒，表现出自己的优势，从而赢得大家的掌声和喝彩。你没有理由对自己说“不”，因为台下有太多的听众在期待你做出精彩的分享，而一个主角怎么能辜负大家的期待呢？

如果你不把自己当成主角，是镇不住场面的，别人也不会把你当作主角看待，只盼着你早点下台，不要浪费彼此的时间。这种局面一定不是你想要的，所以当众讲话时，一定要有舞台观，要有主角观，才能塑造你的强大气场，而不是过于谦虚、抱歉地声明：我讲得不好，请大家多多包涵。不然，这时会有人想：你讲不好，还上台做什么？我想，任何人都不会希望被听众轰下台。

良性积极的自我暗示有助于战胜恐惧

恐惧当众讲话是个很普遍的现象。为什么人们会对当众讲话产生恐惧呢？心理学家罗宾逊说：“恐惧生于无知与未知。”正因为人们对公众讲话的结果无法预测，害怕在人前出丑、闹笑话，损害自己的形象，所以才对当众讲话如此恐惧。

其实，出丑和闹笑话都是一种消极的心理暗示，这种想象会让自己陷入更加恐惧的恶性循环中。在实际情况中，我们不见得当众讲话就一定会出丑、闹笑话，只是心里害怕而已。这时，不妨用良性积极的自我暗示来克服对当众讲话的恐惧。

什么是自我暗示呢？心理学家认为：自我暗示就是持续不断地向潜意识输送一定的观念，借此来影响和改变人们的认知与行为。说得通俗一点，就是自己“糊弄”自己，想象一些还没发生的事情,把它当成现实。潜意识的力量是无穷的,演说家博恩·崔西说:“潜意识的力量比显意识的力量大三万倍以上。”

两位美国的心理学专家曾做过一项试验，他们在班上挑选出五名声称是“最优秀”的学生，说他们是“天才儿童”，将来的前途不可限量。二十年以后，专家发现这五名儿童都取得了非常卓越的成就。其实，这五名所谓的“天才儿童”是他们随机抽取的，和其他孩子并没有太大的差别，他们之所以会成功，是因为受到了积极的心理暗示。

既然心理暗示的威力如此之大，我们为什么不好好利用这种方法为自己服务呢？在讲话之前，我们完全可以不断暗示自己：我一定会讲得很好，发挥出最好的水平，得到听众的喜欢。这样暗示自己后，整个人会变得非常自信，然后会保持一种非常好的状态，话也会越讲越好，结果往往是令人惊喜的。

需要注意的是,我们要懂得分辨什么是良性积极的心理暗示,什么是消极的心理暗示，什么又是无效的心理暗示。

有位演讲者这样说过：“如果上台演讲时太过于紧张恐惧，就把台下的人想象成西瓜或土豆，这样就不会紧张恐惧了。”于是有人使用了这个方法，上台之后，他发现将黑压压的人头当成西瓜和土豆来对待，反而更加紧张害怕了。这样的心理暗示是无效的，也是失败的，起不到任何激励自己的作用，因为它不符合逻辑，你也很难相信如此荒谬的想象。

而消极的心理暗示不但毫无用处，还会让人陷入更糟糕的状态。比如，你上台讲话之前就不断地说：“我真的很紧张，很害怕当众讲话，我一定说不好，会被人笑话，会被轰下台去……”这样想的结果是，你会越来越恐惧，最后紧张得真的闹出了笑话，“如愿以偿”地被听众轰下台。

心理暗示的神奇结果就是，你想什么，就会得到什么。所以，为什么不理智地控制一下自己的想法，往积极的方面去想呢？其实，积极的心理暗示能力也不是一蹴而就的，是需要经过长期训练才能得到的。

美国球王乔丹在他的回忆录中写道：“我 198 厘米的身高，其中很大一部分是在冥想中增长的，我至少经过了两千次的重复想象——自己能长高。潜意识的力量促进了生长激素的分泌，激发出无限的能量。”

由此可见，乔丹积极的心理暗示能力是经过无数次重复的结果。因此，我们要锻炼这种能力，也需要经过无数次重复的训练。

那么，我们应该如何训练积极的心理暗示能力呢？以下这几个实用的方法不妨一试。

1. 每天带着自信起床

一天之计在于晨，每天从起床开始就给自己一个积极的心理暗示，这样你就会拥有自信满满的一整天。无论你现在的讲话水平处于哪一阶段，都不要气馁，坚持给自己打气，相信有实现愿望的那一天。

凡事多看自己的优点，少埋怨自己的不足。虽然自信心不一定能给你带来巨大的成功，但是一个缺乏自信、每天都否定自己的人一定过得很失败、很悲惨。积极乐观的人会觉得一整天都是阳光明媚的，消极悲观的人会觉得一整天都是阴雨连绵的，这就是心理暗示的力量。

2. 时刻优化自己的情绪

想要优化自己的口才，首先要优化自己的情绪。如果带着糟糕的情绪去讲话，相信没有人会愿意听。所以，我们要时刻暗示自己保持好的心情，不要让周围的环境或事件过多地影响自己。

情绪就像染色剂，会将你的生活染成不同的色彩。想要悲伤的黑白色，还是想要快乐的彩虹色，完全由你自己决定。有人说，情绪不可控制，那是因为不懂得换一个角度看问题。

从前有个老奶奶，她有两个女儿，一个女儿卖布鞋，一个女儿卖雨伞。下雨天，老奶奶担心卖布鞋的女儿生意不好；出太阳的时候，她又担心卖雨伞的女儿生意不好，每天都不开心。后来有人提醒她，为什么不换个角度看问题？你可以这样想，下雨天，卖雨伞的女儿生意好；天晴时，卖布鞋的女儿生意好。这样想之后，老奶奶果然每天都心情大好了。

同一件事情，从不同的角度去看待，就会产生不同的心理暗示，得到不同的心情。所以，何必跟自己过不去，天天不开心呢？

3. 每天进步一点点

每天晚上做总结的时候，都要肯定自己：今天又进步了一点点，值得高兴。每个人的成功都不是一蹴而就的，学习当众讲话也是一样的道理。可以在每天结束后写一篇日记，记录自己进步的点点滴滴，这样你很快就会有自信的资本，并且逐渐养成良性心理暗示的习惯。

心理素质过硬，当众讲话才会轻松

过硬的心理素质是当众讲话能够轻松发挥的先决条件。很多人有过这样的经历：明明对讲话内容做了充分的准备，以为万无一失，但在实际讲话的过程中，却因为心理素质不够好而表现得非常糟糕，甚至闹出笑话，总之没有达到自己预期的效果。

我们最大的敌人往往是自己。心理素质不过关是当众讲话成功的第一障碍，特别是进行大型的公众演讲，需要承受一定的心理负担，很容易出现心理失衡的现象。要避免这些情况，就需要平时加强心理训练，练就过硬的心理素质。

那么，当众讲话需要什么样的心理素质呢？

一要有坚定的意志。

拥有坚定的意志可以促使自己的心智呈现开放的状态，有效地发挥讲话者的创造性。意志坚定的讲话者能克服重重困难，保持稳定的心理状态，能以满腔热情应对讲话现场可能出现的各种复杂情况，并且能够始终保持清醒的头脑，有条不紊地将讲话进行下去。

意志坚定的人能轻松甩掉心理负担，让自己保持精力充沛、思维活跃的状态，左右逢源。相反，意志薄弱的人则容易产生一种消极的自我暗示，害怕失败，轻言放弃，就算能勉强支撑到最后，也不能一直保持热情饱满的状态，使讲话内容失去光彩。

意志坚定还表现为具有很强的自制力，对自我把控的能力非常强。这种自控能力既是演讲者重要的心理素质，也是一个人意志力的表现。

当众讲话的活动情况复杂，很多因素会引起讲话者的情绪波动，如兴奋、恐惧、忧虑等，如果没有自制力，将会沦为情绪的奴隶。只有具备较强的自制力，才能对这些积极情绪和消极情绪进行鉴别和控制。

二要有成功的渴望。

当众讲话时，我们都想赢得听众的赞同和掌声，如果没有这种成功的渴望，一个人是不会主动去提高自己的讲话水平的，也就不可能取得进步。一般来说，当众讲话是有目的、有意识的行为，我们既可以通过讲话达到目的，如升职加薪、介绍新产品等，也可以通过讲话体现自己的人生价值。

成功的欲望是人们思想行为强大的内驱力，可以对人的创造性思维活动产生积极的影响。总而言之，对成功心怀渴望是讲话者重要的心理素质。

虽然我们已经知道当众讲话需要怎样的心理素质，但这并不等于拥有了它们。良好的心理素质不是天生的，而是靠后天锻炼和培养而成的。以下几种方法，可以助你练就过硬的心理素质。

1. 注重练“心”

找到志同道合的练习者，选择一个合适的场所，轮流上场，让自己熟悉的人做听众。练习者站在比听众高一点的地方，只看着听众，不必开口。此时，练习者可以想象自己已经进入到讲话的状态中，并感受现场状态，进行心理体验。

这种练习重在练“心”，不在于练“口”，练习者每次站立5—10分钟，学习放下心理负担，提升心理素质，直到不紧张为止。

2. 练习开口

在练习者取得进步、克服紧张情绪后，开始进入讲话练习环节，可以随心所欲地进行练习。从自己最熟悉的话题开始，不必在意说的内容和形式，不设置任何规定和限制。这样的训练可以让你渐渐适应当众开口讲话的感觉，心理素质也会一天天加强。

3. 到固定场景练习

在上一阶段练习中，能够做到在人前流利地讲话后，可以准备好演讲稿到固定场景练习，要求练习者真实自如、从容不迫地讲出自己的心里话。这时候，练习者要认真推敲自己的声音、手势、语速、表情等，目的是提高自己的自控能力。

4. 随时随地练习

练习者的心理素质有了一定的提高后，便可进行进一步的练习。练习时，选择一个话题，给自己十分钟的时间打腹稿，然后不分场合，当然除不方便讲话的场合外，其他场合可以随时随地进行即兴讲话，练习自己的随机应变能力。

第二章

内容丰富，当众讲话才会“质感”丰沛

从生活中吸收佐料，让你的话语更有味道

古人学作诗，讲究“功夫在诗外”，我们学习当众讲话，也是同样的道理——“功夫在话外”。很多朋友在当众讲话时最痛苦的事情就是无话可说，这是缺乏积累的表现。平日不积累，临时抱佛脚，讲话时便会无所适从。

有的朋友一开口就让人想打瞌睡，这是因为他们口中说出来的话太过于平淡无味，而这正是平时不注意积累造成的。因此，我们一定要在日常生活中注重讲话素材的积累，给自己平淡的语言添加一些精彩的佐料，让听众听得津津有味。

人们常说：社会是个大炼钢炉，想要得到好钢，就要投入炼钢炉中。我们要满怀激情地投身于生活中，积累一定的人生阅历，才能在生活中汲取到精华。要想提高当众讲话的水平，就要有广博的见闻和丰富的积累，这样我们讲出来的话才能打动人。

平时听到一些趣闻轶事，也可以及时记录保存；平时看杂志、看报纸、看电视，有特别打动自己的情节和语言，都可以收集起来，以备后用。

对于一些比较正式的讲话场合，应该做到在讲话前彻底了解听众的生活环境和工作环境，以及相关的行业知识，或某种特定人群的特征等。比如，你要到一家企业讲话，就要先了解这家企业的生产、经营和企业文化方面的知识；又如，你要到一个部队

里演讲，就要先熟悉一下军人的生活；再如，你要到大学校园里讲话，就需要了解高校生活。

那么，我们应该怎样在生活中积累讲话的素材呢？首先，我们要梳理一下平时当众讲话的主题大致会有哪些。如果对自己讲话的大方向不明确，不知道自己经常要讲哪些方面的内容，积累也就无从下手。

我们应该把自己平时讲话经常涉及的主题方向确定下来，分成几个大类，然后分门别类地收集相关素材，保存起来，并且定时定期地进行复习和总结。这样日积月累，我们的脑子里就会保存相当多的素材，就不怕无话可说了。

当然，除了积累与自己经常涉及的话题相关的素材之外，还可以向外延伸，积累更多、更广博的知识。

有一个比较通用的素材收集办法，就是收集生活中听到的幽默故事，这能为你在当众讲话时增添趣味。总是用过于严肃的态度去讲话难免会给人一种沉重的感觉，换一种轻松的心态，偶尔添加几句调侃的语言，会让你显得诙谐幽默，给人带来希望和快乐。

这就需要我们积极地向幽默的朋友学习，平时和朋友聊天时，注意收集那些能博你一笑的调侃语录。比如，“都说姐漂亮，其实都是妆出来的；黄瓜必须拍，人生必须嗨；人生没有彩排的机会，每时每刻都是在现场直播；人家有的是背景，而咱有的是背影；广告就是告诉别人，钱还可以这么花；我说过做人要低调，可你非要给我掌声和尖叫”等。

那么，我们如何行动起来，从日常生活中收集讲话的素材呢？

1. 记录生活中的趣事趣闻

我们在当众讲话时，常常需要举例子才能说得准确明白。如果这些例子是你生活中所见过的，或者是自己亲身经历过的，你就能讲出很多生动的细节，这比道听途说或从其他渠道收集来的素材真实、生动得多。

所以，我们应该养成一个好的习惯，每天记一段日记，将一天内遇到的趣闻趣事，或者感动到你、让你印象深刻的事件记录下来。有了这样的小宝库，你脑海中就不怕没有生动的例子了。当然，除了事件之外，在生活中获得的一些有趣的、鲜为人知的知识，也可以记录下来为自己所用。

2. 观察周围的人如何讲话

在你工作、学习、生活的圈子里，有些人肯定是非常有趣或者是有个性的，他们说出来的话也同样带着个性的光芒。当他们说出一个金句时，你要及时地记录下来，以备日后加工使用。只要做一个生活的有心人，你便会发现，那些生活化的语言往往要比自己凭空想象的语言生动活泼得多。

此外，不同的地方都有不同的方言。有的方言具有非常强大的生命力和感染力，流传很广，还被制作成歌曲、谚语等艺术表现形式，如粤语。我们可以从中汲取新鲜的佐料，将其融入自己的话语中，让自己的语言更有味道。如果是针对来自同一个地方的听众，或者到某个城市去做演说，不如学几句当地的方言，你会更受欢迎。

当众讲话，要做到与时俱进

当众讲话需要与时俱进，才能够吸引人。如何做到在当众讲话时与时俱进呢？比较简单易行的一个办法便是经常关注新鲜事，多看新闻。

为什么要关注时事呢？因为只有关注时事的人，才能拥有与时俱进的思想、思维模式以及语言材料。人是具有社会属性的，我们随时要与外界发生联系。如果掌握了时事，就能更好地与外界相处，这将有助于我们放眼世界风云，紧扣时代脉搏，开阔视野，获得新的观念、思想和知识，从而厚积薄发、语出新意。

如果脑子里都是陈旧的思想、老掉牙的故事、老套的语句，谁会愿意听你讲话呢？“喜新厌旧”是人的普遍心理，只有对讲话内容进行创新，融入新的思想、思维模式，加入新的词语组合，赋予讲话内容新的意义，才能给人“耳目一新”的感觉。

当然，你需要时刻关注时事，才能经常给听众提供新的观点，展现出你的魅力和实力。新观点是演讲内容的灵魂，是引人入胜的关键要素，尤其是对于在重要场合当众讲话、发表演讲来说，更是如此。而新观念常常需要紧跟时代的潮流，从日新月异的社会事件当中思考、提炼出来。

当然，这并不是说有了新观点，就要抛弃全部旧的观念。有些根深蒂固的观念虽流传已久，却并不过时。这时，就需要适当筛选、审时度势，用一套新的语言去表述旧的观点。对于这些旧有观念，大家显然已经十分熟悉，如果演讲者一如既往地照本宣科，老话连篇，必然会使听众感到索然无味。

正如一款畅销多年的商品，换上新的包装后就会提高商品的附加值，迅速激起顾客强烈的购买欲。如果在当众讲话时懂得把旧观点用新的语言“包装”一下，也是观点出新的常用方法。

用一个通俗新颖的比喻给老观点披上一件新外衣，这样就会给人一种新意盎然的感觉。但是，新的语言从哪里来呢？这需要我们多看电视新闻，多看报刊杂志，多看网络资讯，从而掌握新的语言模式。

讲话时要做到与时俱进，可以将旧词反说，把它说出新的意义。这需要我们学会逆向思维，辩证地思考问题。我们应该在讲话前尽量考虑成熟这个词原来是什么意思，然后反其道而行之，说出新意，给听众一种新鲜感，达到出其不意的效果。

比如，“掩耳盗铃”这个成语，我们都知道它原来的意义是讽刺偷铃人自欺欺人的心态。要想说出新意，我们就要反过来思考，把贬义词变为褒义词，赋予这个词美好的、新的意义。比如，我们应该学习“掩耳盗铃”的精神，在做一件事的过程中，专心致志、心无旁骛，不必在乎别人的看法，这样才能勇往直前！

要做到与时俱进，还可以使用“旧瓶装新酒”的方法。也就是说，利用旧有的材料引申出新的、紧跟时代潮流的寓意。这种方法的好处是给原来平淡无奇的内容添加了一些新的成分，结果往往令听众出其不意，眼前一亮。

比如，龟兔赛跑的故事大家早已耳熟能详，如果把同样的故事再讲一遍，只怕听众不会有任何听下去的耐心。如果把故事改编一下，就会变得与众不同。

你可以把乌龟与兔子比赛的环境和内容加以改动。比如，假设它们在有河拦的跑道赛跑，又或者假设它们在比偷菜、溜冰等。这样的故事就能在原有的内容上讲出新意来。

在实际操作中，我们应该怎样从关注的新鲜事中积累新颖的素材并提炼出新的观点来让自己的讲话与时俱进呢？

1. 收集新鲜事和新知识

新鲜事从哪里来？看新闻是一种最直接的方法。学会每天收集有价值的、题材各式的新闻事件。在收集材料的过程中，遇到不懂的新知识，有意识地去查找一些资料进行分析，逐渐加深对这些资料的印象，慢慢地，这些资料就会变成你自己的东西。等你需要的时候，它就能够从你的脑海中调动出来。

2. 学习用独特的视角看待事物

会讲话的人，同时也是会思考的人。他们总是善于用独特的视角来分析身边的人、事与物，从平常或不平常的事物中挖掘新意，给听众带来惊喜。我们平时一定要养成善于观察、举一反三、触类旁通的习惯，培养对新事物的敏感度以及挖掘独特见解的能力。

首先，努力做一个有心人，注意身边的人谈论各类话题时说出的有价值的东西，以备不时之需。其次，通过阅读和观察，找到一些颇具特色的新闻点，并保持敏锐、与时俱进的思维模式，要知道，讲话者最重要的素质就是敏锐。每看到一个新闻事件，应该要求自己在最短的时间内选准切入点，提炼出新颖的观点和见解。对于比较陌生的事物，应该上网查询，在最短的时间内了解背景资料，迅速扫清障碍。通常，一篇内容丰富、资料翔实、与时俱进的讲稿就是在这种基础上完成的。

贴近社会热点，当众讲话更吸引人

当众讲话时，如果能从社会热点话题入手，无疑是非常吸引人的。一个社会事件之所以能成为热点话题，一定是大多数人所关注的事情，会与大多数人的生活、切身利益息息相关。因此，这样的事件会引发众人的诸多思考，成为人们话题的焦点。

在这个信息传播飞快的时代，每天都不缺乏热点话题。如何从中筛选对自己讲话有帮助的信息也是一个考验人的难题。其实，热点话题虽然多，但无非集中在以下这几大类，一定要懂得分辨，才能做到快速筛选。

第一类热点话题是名人、明星的八卦，这常常是人们茶余饭后的谈资，这类话题尤其受女性朋友欢迎。如果你当众讲话的场合不是很严肃，甚至以女性朋友居多，讲话的方式以闲谈为主，可以多收集一点这方面的热点话题。

比如，在同学聚会、生日宴会等这些休闲娱乐活动中，偶尔在众人面前透露出对某个当红明星的关注，或者对某个明星的热点事件发表评论，通常会引起人们的兴趣。这类热点话题与我们的生活没有多大的关系，但提起这些公众人物大多数人都会知道。因此，这类话题更容易得到大家的关注。

第二类热点话题是时政话题，相对来说，这是男性朋友比较感兴趣的话题。这类热点话题也是很多领导人物在会议上或各种公众场合需要用到的话题。讲话者应该根据自己的需要提早收集好，以备后用。

第三类热点话题是社会现实热点话题，这类话题与大多数人的现实生活及切身利益息息相关，无疑是最受欢迎的。比如，房价、薪资、食品安全、就业等相关话题在好几年内都不会过时，甚至有的一直保持着持续不减的热度。

因此，无论针对什么样的听众，我们适时抛出这类热点话题都是一个明智的选择。平时在浏览资讯的过程中，我们应该重点收集这类话题。

第四类热点话题是稍纵即逝的时事新闻，这类新闻很多只是社会的一个片面现象，具有特殊性，所以只能吸引人们短时间的关注。这类新闻每天都有，但大部分都不能成为热点话题，即使成为热点话题，热度几天也就会过去。生命力比较持久的，通常也不过几周、几个月，能维持几年时间的少之又少。

当然，时效比较短的时事热点也包括一些比较热门的影视作品引发的热门话题，这类话题在影视下映不久后热度就会消失。通常来说，一部影视作品就算爆红，并且当时还引发了人们的深度议论和关注，热度也会在一个月到一年内消失。

对于这类时效性极短的热点话题，我们当然不能不知道。否则，对于听众的提问，你都可能回答不上来，更不可能说与他们进行愉快的互动了。并且这类话题的时效性太过于短暂，可能前几天还比较热门，再过两天就成了炒旧饭，或者事件的进展已经有了新变化，如果你不了解，可能会讲错，从而闹出笑话，或者根本不能引起听众的兴趣。

以上这四种类型的热点话题，可以根据自己的需要去分门别类地收集，并巧妙地融入自己的讲话内容中。

在当众讲话的过程当中加入热点话题，能让你说的话更贴近听众的真实生活，甚至瞬间让冰冷的话题变得有温度起来，你在听众的心目中也会变成一个“有温度”的人，从而感染身边的每一个人，引发听众的共鸣。当众讲话者最忌讳闭门造车，两耳不闻窗外事。这样的人即使有着渊博的知识，也很难说出有新意的、贴合现代人心灵的话来。有些上了年纪的学者或领导在当众讲话时，不但用词老套晦涩，还会使用文言文，如此不符合时代要求的话语，不但很难让人听懂，还有卖弄学识之嫌，是很难让听众买账的。

关注热点话题的人讲话总会洋溢着新时代的气息，他们不断汲取创新的思想营养和语言营养成分，语言充满生机与活力。因此，每一个讲话者都应该时刻关注时事热点，拥有卓越的见识，用现代的眼光才会看得更远，也才能走在时代的最前面。

如果从来不关心热点话题，也从不知道每天发生的大事，那么无论在任何场合，你都是难以融入群体的。大家都在说最新的消息，你却对此完全陌生，插不上话，这时候你只能做一个沉默的听众，而无法成为当众讲话的主角。

既然热点话题在当众讲话中起到如此重要的作用，那么在实际讲话中，我们如何从中提取对自己有用的信息呢？

1. 提取有时代性的语言

当你关注时事热点时就会发现，每隔一段时间就会有一些新鲜的词语、语句涌现出来。作为一个讲话者，你是需要去积极学习这些语言的，并且要巧妙地将它们融入你的话语中，这样才能让你说出来的话更具时代性。

2. 提取有时效性的事件

生活在信息化时代，我们本来每天都可以知道发生在这个世界上的许多新事件。但如果你没有及时追踪热点新闻，还停留在以前发生的过时事件上，那就表明你已经落伍了，你的话题已经明显跟不上时代的节奏。你要及时更新自己的热点话题库，并且能够在当众讲话时迅速提取最有时效性的事件，这样才能让自己说出来的话更吸引听众。

多读书，言辞才能有深意

如果一个讲话者知识贫乏，就没有深刻的思考，没有远大的眼光，讲话也就容易显得肤浅，这样的人在当众讲话中是不受欢迎的。所以，通过读书建立自己完整的知识体系不失为一个好的方法。只有博古通今、知识渊博的人，才能在当众讲话时随机应变、左右逢源。

如果你的头脑里空空如也，当众讲话时能挤出什么来呢？毫无疑问，只能说出一些肤浅而无聊的话，而谁也不会愿意听你说这种话。要想改变这种窘境，让自己的言辞有深意，还需要多读书，让自己的大脑多储备一些精神食粮。只有用书中的知识把自己的头脑填满，讲话时才能从中提取用之不尽的宝贵资源。

俗话说，“腹有诗书气自华”，你读过多少书，不但体现在你的精神气质里，也会渗透在你的语言中。想让自己说出来的话深刻而有力度，给听众提供更多有价值的信息，使人听后有所收获，就要提高自己话语中的知识浓度。

如果讲话时不能做到充实具体、言之有物、知识含量高，听众通常是不会买账的。如果你现在面临的就是这样的处境，不妨静下心来，博览群书。只有拥有广博的知识，才能把积累在你肚子里的货源源不断地倒出来。

那些在当众讲话中表现优秀的演讲家都非常注重积累自己的知识储备，谚语、故事、诗词……随时随地都能信手拈来。这些放在脑子里的存货都是他们博览群书的结果。读书使这些优秀的演讲家心怀智慧、才思敏捷、出口成章。

战国时的张仪拥有“三寸不烂之舌”，为自己的国家立下了汗马功劳。他之所以能在当众讲话时吸引他人的注意并达到说服他人的目的，是因为他博览群书，具有非常渊博的知识，才让自己讲话时做到言之有物、内容充实。

高尔基说：“读书这个我们习以为常的平凡过程，实际是人的心灵和古今上下一切民族的伟大智慧相结合的过程。”书籍凝聚着人类文明的精华，更是我们进步的阶梯。所以，我们应通过对书本的学习，从中获取宝贵的知识，充实我们的头脑，提高我们的素质。这样，我们说出来的话才会更加动人。

书籍如此重要，我们应该怎样读书，才能为我们讲话有深意做储备呢？

1. 建立完整的知识体系

要建立完整的知识体系，就必须有比较广泛的阅读范围，应涉猎文学、历史、经济、哲学、社会学、心理学、美学、管理、法律、自然科学等各个方面。除此以外，还要在这些不同学科领域的书籍中找出一些对自己非常有用的书籍重点阅读。

对于一个想提高当众讲话水平的人来说，应该重点阅读一些口才演讲、辩论学、语言学等相关书籍。总而言之，读书的横截面要广，但不需要样样精通，大部分学科只求理解基础的理论知识即可，对于自己特别喜欢和对自己非常有帮助的学科的书籍则可进行深度阅读。

2. 坚持做读书笔记

孔子说：“学而不思则罔，思而不学则殆。”阅读与思考应该交替进行，如果只有阅读，没有思考，知识就不会变成自己的。所以，我们要养成坚持做读书笔记的习惯，摘抄一些精美的词句，总结所看之书的主要内容，以及这本书能够给你带来的帮助。做读书笔记的过程其实就是思考的过程。

除此之外，我们对每本书都要有批判精神，读书时多开动脑筋思考。古人言："尽信书，则不如无书。"意思是我们应该有独立思考和善于分辨的能力，不要以为书籍中所有的观点、思想或知识都是正确的。

书也是人写的，是人就会有犯错的时候，所以我们要善于总结书中的精华，剔除糟粕，只取用对我们有帮助的知识，并将这些知识融入我们的思考当中，这样才能在讲话时说出新的观点和创意。如果不去思考和分辨，就容易人云亦云，没有真知灼见，还容易养成照本宣科的习惯，在讲话时显得言语老套，没有新的见解，说不出有深意的话语来。

有寓意的小故事不妨多积累

有些人说起话来枯燥无味，没有任何吸引力和趣味性，更不会有感染力，让听众昏昏欲睡。尤其是在一些冗长的会议上，讲话者都是将一些条条框框的内容进行照本宣科，让人听得昏昏欲睡，毫无兴趣可言。

其实，在讲话的时候适当加入一些有寓意的小故事，不但能增加语言的吸引力，还能给人以启发性的思考，这比单调说教的效果好得多。

爱听故事是人类的天性。很多人小时候都有过这样的经历，在凉风习习的夏夜，搬个小凳子坐到院子里，听爷爷奶奶或爸爸妈妈讲那些古老的故事。

我们对故事的兴趣是非常浓厚的，不仅仅是儿童，成年人也是如此。没有人喜欢长篇大论的说教和大肆宣扬的鼓动，如果用小故事来说明一个道理或者说服听众，方式就委婉得多，还容易令听众接受。

当人们听到一个好故事后，总是会久久回味，并且不知不觉被它洗涤了心灵。因为故事是生动形象化的，人们很容易陷入那种场景和氛围当中，受到鼓舞或感动。在讲故事时，让听众的情感有所触动，讲话者往往更容易达到目的，诸如感化员工、鼓舞士气、感恩教育等，这就是故事的魅力所在。

孙中山先生曾在广东的一所大学进行宣扬民族主义的演讲。当时，大学的礼堂很少，听众却挤得密密麻麻。因为天气热，人又多，很多人都听得无精打采。这时，孙中山先生灵机一动，讲了一则小故事让大家提神。

他讲了一个这样的故事：

我在香港读书时曾看到一群工人聚在一起谈话，他们聊得开怀大笑，我也好奇地凑过去听。看到我凑近之后，其中一个工人对我说："年轻人，好好读书啊！知道我们的事对你也没什么帮助。"可我还是好奇，想知道他们的讲话内容。于是，另一个工人告诉我："我们当中的一个行家记住了马票上的号码，把它藏在用来挑担子的竹杠里。开票之后，他发现自己中了大奖，一激动把竹杠扔到了大海里，结果空欢喜一场，钱也没有领到。"

这个充满趣味的小故事让大家笑成一片。孙中山先生在这个时候抛出了自己演讲的主题："对于我们来说，民族主义就是这根竹杠，千万不能丢！”台下响起热烈的掌声。

正因为孙中山先生懂得在适当的时候插入一个有趣又充满寓意的小故事，不仅调动了当时沉闷的气氛，还达到了寓教于乐的目的，让大家意识到民族精神的重要性，并快乐地接受了他的观点。他宣扬民族主义精神的目的也轻而易举地达到了。

如果我们在当众讲话的过程中也能像孙中山先生一样，灵活地穿插一些有寓意的小故事，你在人群当中会受欢迎得多，当众讲话的目标也较容易实现。当然，要想像孙中山先生一样，在讲话时故事手到擒来，那就要在平时多积累一些有寓意的小故事。

那么，我们平时该如何积累和运用有寓意的小故事呢？

1. 记录身边的人和事

在我们的日常生活中，常常会遇到很多人，他们都有属于自己的故事。无论这些人和事是普通的，还是伟大的；是成功的，还是失败的，多多少少都会给人一些启发。如果我们注意积累和收集周围人的故事，就会发现，原来在我们身边有如此多的第一手材料等着我们去收集。

亲戚朋友、左邻右舍、同学同事，每个人都会有一些人生经历，这些经历或曲折，或平凡，或让我们感叹，或让我们惋惜，或让我们羡慕，或让我们敬仰。只要我们拥有一双善于发现的眼睛、善于聆听的耳朵和一个善于思考的大脑，那么遍地都是素材，遍地都是故事。

2. 积累历史小故事

在中国五千年的悠久历史长河里，涌现了无数充满寓意的历史小故事，有很多古代名人的故事被记入了史册，还有一些鲜为人知的小人物也曾在历史的舞台上占据小小的一角。我们要做的就是从各类书籍中，或通过其他渠道找到这些小故事，收集起来，以备后用。

3. 每天练习讲故事

故事是当众讲话时可以用到的很基本的素材，当我们收集了许多有寓意的小故事，还需要把这些故事变成我们自己的。我们可以每天对着镜子练上一番，仔细揣摩怎样才能把这些故事说得生动有趣或者感动人心。

要把自己讲故事的声音录下来，反复去听，找出优点，继续发扬，找出缺点，多加改正。这样日积月累，你便能很自然地讲出故事。有位演讲家，曾用 100 天的时间，每天讲一个故事，连续讲了 100 个故事。之后，他无论发表什么主题的演讲、谈论什么样的话题，脑海里都能够闪现出一个对应的故事。如果你也能做到这样，何愁无话可讲呢？

随时随地积累好词好句，用于当众讲话当中

伟大的法国作家福楼拜对他的学生莫泊桑说：“不管一个人想要表达的是什么，都只有一个最适合表达它的词语。只有一个使它活灵活现的动词，只有一个适合描绘修饰它的形容词。去探求这个词语，直到我们发现了它，并且再也找不到能使我

们如此满意的其他词语为止。”

世界上伟大的语言大师总是用心揣摩用词的精准、恰当和生动。而在我们当众讲话的时候，不可缺少的就是优美、精练的好词好句，只有懂得将这些词句巧妙组合，才能把话说得精彩绝伦。

曾经的美国总统林肯也是世界著名的演说家，他就有积累好词好句的习惯。当他从书中看到一些好词好句，或从各种电视节目中听到好的词句，绝对不会放过，他会及时把这些词语、句子用笔抄写在纸条上，藏在自己的帽子里，闲暇时便拿出来阅读记忆。

正因为林肯有收集好词好句的习惯，并能够把这些词句巧妙地运用在当众讲话中，所以他的演讲总是很受人欢迎，每一次都取得了巨大的成功。作为一个普通人，虽然我们在正式场合当众讲话的机会没有像总统那样多，但用心积累好词好句对自己还是有很多帮助。

积累好词好句能提升我们的文化内涵，为我们的讲话内容增添光彩。好的词句能增强我们当众讲话时的说服力和感染力。特别是古今中外的一些经典名人名言，凝聚着人们的生活智慧和人生经验，具有哲理并发人深思。

当我们需要表达一个观点时，如果能找到与之意义相近的名人名言，无疑更容易说服听众。因为名人的力量是无穷的，他们所说的真理也是经过时间印证的结果，普通人说出来的话则往往难以达到这样的效果。所以，我们要学会借风使力，利用名人名言的力量为自己的话语树立权威性。

平时除了收集名人名言外，一些优美的句子、诗词歌赋也应该收集下来，为自己所用。如果能在当众讲话时经常引用一些恰当的诗词，无疑是能增加吸引力的。比如，在工作中遇到困难时，鼓舞士气常常会用到李白的“天生我材必有用”。在表达自己的决心和坚持时常会用到屈原的“路漫漫其修远兮，吾将上下而求索。”

这些诗句，可以让你讲话更有韵味。

而要将诗词、优美的句子真正变成自己的东西，就要经常朗读，以便形成很好的语感，还要摘抄下来，经常温习。俗话说，好记性不如烂笔头，自己抄写过的好词好句，才能记得更加深刻。

那么，我们在日常生活中该如何积累好词好句，并用于当众讲话中呢？

1. 经常翻阅词典

身边经常备有字典、成语词典等需要用到的工具书，没事的时候翻一翻，把经常用到的、寓意美好的词语记下来，弄懂意思，变成自己头脑中的知识。如此日积月累，不怕嘴里说不出好词语来。

2. 阅读国学经典

中国文化博大精深，在唐诗宋词等国学经典著作中往往能找到很多文采斐然的精粹好句。作为一个说汉语的中国人，诗词是我们的文化底蕴。很多出口成章的著名主持人往往有着深厚的诗词功底，他们能从国学经典里中汲取语言养分，说出来的话也会带着深厚的文化底蕴。

3. 准确地使用原文

引用好词好句时，一定要准确恰当。一方面，要尽可能地使用原文，不要念错，并要注意其含义与语言环境是否贴切，不能出现“驴唇不对马嘴”的情况，让人听起来莫名其妙，甚至闹出笑话。如果记不清楚或觉得用得不够贴切，宁可不用，也不要乱用。这需要我们在平时积累时非常细心地查阅资料，弄懂意思和语境，熟能生巧，这样才能自如地驾驭这些好词好句。

4. 用自己的话解释

在引用好词好句时，应该用自己的话解释一遍其含义。因为有些名言警句、诗词等，由于年代久远或语言环境不同，不容易让听众准确地理解。这时，如果讲话者没有好好解释，有些听众会觉得云里雾里，甚至觉得讲话者有卖弄才学之嫌，这是需要我们特别注意的地方。

幽默贴切的语言来自深厚的文化底蕴

幽默贴切的语言通常容易受到大家的关注。轻松幽默的语言更容易获得听众的好感，也可以很好地释放紧张感和严肃感，让讲话者和听众的神经同时在笑声中得到松弛。

幽默是智慧的产物。它体现了一种喜剧精神，能让人愉快，能化解尴尬，可以拉近人与人之间的距离。幽默是一种美感，林语堂说：“幽默愈幽愈默而愈妙。”幽默体现了一种含蓄之美，它的境界就像茶一样，雅俗共赏，可以使人微笑，也可以使人捧腹大笑。

著名的科学家爱因斯坦就是一个幽默的人，他曾经为一对年轻夫妇做证婚人，后来这对夫妇有了孩子，便带着小儿子上门造访。孩子刚看到爱因斯坦就号啕大哭起来，大家都有些尴尬。这时，爱因斯坦摸了摸孩子的头，高兴地说了一句幽默的话："你是第一个肯当面说出对我的印象的人。"

爱因斯坦幽默的话语逗得大家开怀大笑，尴尬的气氛顿时变得轻松活跃起来。这对年轻夫妇在爱因斯坦家里度过了愉快的一天，他们的关系变得更加融洽了。这就是幽默的魅力，它可以把一件本来糟糕的事情变成一件美好的事情，使交谈的气氛变得轻松愉快。

我们应该怎样做，才能变成一个风趣幽默的人？首先，我们要明白，能够说出幽默贴切的语言，必须有深厚的文化底蕴。因为，幽默是一种长期积累而成的修养，只有具备丰富内涵的人才能做得到。

幽默需要敏捷的思维，需要灵活提取素材的智慧，需要讲话者有坦诚的胸襟，需要讲话者了解听众，贴心地为听众消除心理上的顾虑，而这一切都建立在具有深厚文化底蕴的基础上。如果一个人没有文化底蕴，则不能将生活中的所见所闻巧妙地凝练成饱含智慧的幽默语言。具体来说，讲话者要说出幽默贴切的语言，通常要具备以下几个条件。

1. 丰富的文化修养

一个人文化修养如何，直接影响讲话的效果，因此要说出幽默贴切的语言，就要提高自己的文化修养。语言的影响力来源于讲话者的学识和智慧。一个知识浅薄、孤陋寡闻的人，不可能说出幽默贴切的语言。

如果讲话者文化知识丰富，上知天文，下知地理，掌握了古今中外、天南海北的各种文化知识，说什么都能信手拈来，说起话来自然就很容易生动有趣。有了丰厚的文化底蕴，讲话才能驾轻就熟、游刃有余，不至于照本宣科、捉襟见肘。在与人沟通的过程中，才能豁达开朗，做到诙谐幽默、妙语连珠、启迪心智，不至于腹中空空、语言干瘪。

然而，文化修养不是天生就具有的，而是经过后天的学习培养出来的，文化底蕴也是在自身的积淀中丰厚起来的。提升讲话者的文化修养，要向生活学习，也要向书本学习，拜读古今中外名著，与大师对话，和大咖心灵相通。

“行万里路，读百卷书，交百人友”。同样，在持之以恒的学习中，才能不断提高讲话者的文化修养。始终如一地保持对学习的热情，讲话者才能源源不断地带给听众精神力量。

2. 出色的语言表达能力

幽默贴切的语言要求讲话者有很强的语言驾驭能力。一个语言表达能力很好的讲话者往人群中一站，便目光炯炯、神采奕奕，说起话来便抑扬顿挫、铿锵有力，在语气和音质上就高人一筹。一个语言表达能力强的讲话者，应该做到语言简练、准确，条理严密，具有逻辑性。

我们应加强语言的锤炼，在逻辑语言、科学语言的基础上加以提炼形象化的、和谐而又优美动听的语句，在讲话过程中循循善诱、娓娓道来，才能产生让听众回味无穷的美学效应。

3. 较高的思想境界

具有较高的思想境界和较深的涵养才能说出幽默贴切的语言。一个心胸狭窄、思想颓废的人是做不到幽默的，幽默属于那些拥有激情的人。我们要提高自己的思想境界，打开自己的视野，做一个生活中的思想者，修炼内功、彰显个性，才能做到“言如其人”。

千万不要成为生活中的空心人。什么是空心人？就是没有思想、没有追求的人。幽默大师通常拥有爱满天下的襟怀和广阔的智力背景，是情趣高雅、心灵充满阳光的智者，是集优秀的学识水平、审美视野、气质品位、人格修养等于一身的人。

4. 敏捷的思维能力

在讲话过程中，幽默的语言要求讲话者具备迅速的反应能力，才能及时捕捉现有素材，抓住笑点，逗大家轻松一笑。这非常考验一个人的思维能力，那应该如何提高思维能力呢？这需要我们认真观察事物，深刻体验生活，独立思考问题。讲话者只有具备敏捷的思维能力，才能在讲话的过程中灵活地运用比喻、夸张等各种手法，讲出幽默的语言。

第三章

构思精巧，
当众讲话可以更有影响力

分析听众需求，定下精彩的讲话主题

所谓讲话主题，就是“我们到底要讲什么”，也就是“中心思想”。当众讲话的第一步便是定下讲话的主题。主题是话语的灵魂，它决定了整个话题的框架和走向，制约着语言材料的组织和取舍。没有明确的主题，我们说出来的话就没有灵魂，让人听得云里雾里，不得要领。

苹果公司创始人乔布斯，每次登台讲话前都会对他即将要讲的内容进行定位设计，先确定好一个主题，然后在开讲的前几分钟宣布他的演讲主题，让听众对接下来的演讲内容有一个清晰的了解，从而对演讲内容更加期待。

正因为乔布斯做了精心的主题设计，他的演讲总是能受到听众的热烈欢迎。

在苹果公司大会、乔布斯回归宣言的那场演讲里，他一上台说了几句客套话之后，就直接揭示了这次演讲的主题——如何让苹果公司重整旗鼓。他的原话是这样说的：“非常感谢大家的热情欢迎……为了使苹果公司重整旗鼓，我们将要采取一些措施……”因为选择了一个精彩的讲话主题，在整个演讲过程中，他获得了不少热烈的掌声。

那么，我们在当众讲话前，如何定下精彩的讲话主题呢？首先要分析听众的需求，确定他们想听什么样的内容。一旦选错讲话的主题，就意味着我们在浪费彼此的时间。因此，选择正确的讲话主题，必须考虑我们能为听众带来什么有价值的东西。

美国的前总统林肯说："每个人都喜欢别人恭维自己。"渴望得到别人的重视是人类最深的需求之一。因此，我们在当众讲话时，首先要学会洞悉听众的心理需求，给他们一种自己被重视的感觉。只有这样，你才能实现自己讲话的目的。

就像我们在湖边钓鱼一样，想要鱼儿上钩，就要了解鱼儿的习性和活动范围，在恰当的时机和场合投下诱饵，满足鱼儿的需求，这样才能达到目的。当众讲话也是同样的道理。讲话本质上是讲话者和听众心灵的沟通，我们要说服听众，得到对方的关注，就必须了解对方，有的放矢地讲话，用心去和他们沟通。

如果讲话者不知道听众的喜好和需求，就需要去做一番调查。调查的方式有两种，一种是直接调查，另一种是间接调查。具体用哪一种，应根据自己的实际情况去选择。总之，我们讲话的主题一定要有针对性，要选择能深刻影响听众、感染听众的主题。

由于民族、职业、年龄、生活环境、文化修养等因素的不同，不同类型的听众存在很大差异。我们选择讲话主题时，应该考虑不同类型听众之间的不同需要。只有选择符合听众心理预期及需要的主题，才能吸引他们的注意力，唤起他们的热情和兴趣。

一般说来，为了适应不同类型听众的需要，选择讲话主题时应该考虑满足尽可能多的听众的需求，选择听众接受度比较广的主题。相反，比较小众化的主题则尽量少选或者不选，除非你面对的听众非常少，并且具有非常多的共同特征，他们才可能被某一个小众的主题所吸引。

在选择讲话主题时，除了考虑听众的需求外，还需要从你的经验、专长和兴趣出发，选择你比较擅长的话题。否则，即使是非常受听众欢迎的主题，你也可能因为对讲话内容不熟悉而讲得不好，甚至比听众还外行，让自己陷入尴尬的处境。

总的来说，当众讲话的主题除了挑选符合听众需求并且是自己所熟悉的之外，还可以从以下几个方面入手。

1. 选择单一的主题

确定主题时应注意，一场讲话只能有一个主题，讲话者应该始终围绕这个主题展开讲述，不要漫无目的地说主题以外的话，也不要贪多，一次说好几个主题，不然容易造成思路的混乱。有些讲话者容易犯这样一个错误，想通过一场讲话说完半生的学识经历，这显然是难以做到的。

在时间有限的情况下，一场内容庞杂的讲话不可能面面俱到，很多东西只能蜻蜓点水般轻描淡写地讲一下。若不分主次，胡子眉毛一把抓，导致讲得不够深、不够透，自己都晕头转向，听众更是不知所云，很难听明白，自然难以尽兴。

所以，我们要尽量专攻一点，选择一个主题集中去讲，正如毛泽东所言："伤其十指，不如断其一指。"如果我们在当众讲话的过程中，专一地讲一个主题，讲深讲透，反而容易给听众留下深刻的印象，自己讲得也轻松。

2. 选择经典永恒的主题

什么是永恒的主题？就是经过时间的洗礼，仍然能够引起大多数人关注和共鸣的主题，如母爱、爱情等。这样的主题无论经过多长时间的沉淀，仍然是大家十分关注的，甚至是与自己的切身利益、经历息息相关的。这样的主题具有经久不衰的魅力，也会拥有更广泛的听众。

开场导入很重要，需精心筛选语句

俗话说：万事开头难。当众讲话也是如此。那它的开头难在哪里？很多讲话者刚开始讲话的时候还没有调整好情绪，也没有进入状态，一开口就前言不搭后语，容易造成思路混乱。如果当众讲话时开场导入不能出奇制胜，紧紧抓住听众的心，引起听众的兴趣，就容易给自己造成消极的心理暗示，后面翻盘、讲好的难度很大。

好的开始是成功的一半，当众讲话时一定要精心筛选语句，把听众的注意力快速集中起来，激起他们想听下文的欲望。当众讲话开头的几分钟，甚至几秒钟，往往可以决定整场讲话的成败，决定了听众是坐下来听你讲下去，还是站起来转身离开。

那么，我们应该如何设计一场讲话的开头呢？首先，要想清楚你这次讲话究竟想表达什么，要达到什么样的目的，然后再根据我们确定下来的讲话主题整理观点和素材，设计出适合此次讲话内容的开场方法。当众讲话的开场导入有很多种方法，无论你用的是哪一种，切记开头设计的三个要素。

开头设计的第一个要素是交代讲话的背景。比如，为什么你会出现在讲话现场？是受了谁的邀请，还是应某家公司或某个组织的要求来到这里？自己是以怎样的身份出现的？简单地交代自己的来龙去脉，甚至简单地做一下自我介绍都是有必要的。

尤其是讲话者面对陌生听众时，介绍清楚自己和活动举办方或其他机构组织的关系，有助于拉近你与听众之间的距离。如果对自己和讲话背景只字不提，听众可能会觉得莫名其妙，对你的出现会感到突兀和难以适应。

开头设计的第二个要素是交代此次讲话的目的。虽然讲话者可能很清楚此次讲话要达到的目的，但是听众未必知道。如果你没有向听众说明你此次讲话的目的，很可能会引起听众的误会，有时甚至会怀疑你的动机，造成消极的影响。

所以，我们应该在讲话的开头部分坦率地告知听众你接下来要讲什么、要达到什么样的目的。当然，你可以对自己的讲话目的进行包装，提取积极的一面，说明自己能给听众带来什么。只要你坦坦荡荡地面对听众，即使你在分享和给予之后向听众索要回报，也容易得到对方的理解，比如推销和宣传行为。

开头设计的第三个要素是解释专业术语。如果在你的讲话过程中需要多次提到某个专业术语，最好在一开始的时候就向听众解释清楚这个专业术语的定义和内涵。特别是针对一些一般听众很少听到又比较抽象的专业术语，一定要尽早说明白，否则听众就会难以理解你接下来要说的内容。

弄清楚开头设计的三个要素后，下面我们可以利用一些具体的方法吸引听众的注意力，让你用开头的几句话就能轻松抓住听众的心，引起他们浓厚的兴趣。

1. 语出惊人开头法

如果开场导入的语句只是平铺直叙，用非常平庸的调子向听众打招呼，按部就班地交代自己的身份、讲话的主题、背景，那么听众会丧失听下去的兴趣，甚至站起来离席而去。

所以，我们应该精心筛选那些让人为之一震的句子，说出独到新颖的观点，或用独特的语言表达方式塑造出一种“此言一出，语惊四座”的讲话效果，让听众感到非常震撼，从而对你的讲话内容产生强烈的兴趣。

这需要我们在平时积累好词好句时多花费一点心思。有时，稍稍改动一下句子，一句话的意思就改变了，有了独特的味道。有时，我们需要正话反说，不按常理出牌，反弹琵琶，引起众人的惊讶和思考。

当然，语出惊人开头法也要注意分寸，不要故弄玄虚，引起听众的反感和不适。要考虑听众的接受程度，不能为了标新立异说出一些荒谬怪异的言论，或者生拉硬扯、毫无逻辑地乱说一通。总之，我们要语出惊人，也不可太过离谱。

2. 传奇故事开头法

如果我们在当众讲话时使用骇人听闻、触目惊心的新闻故事，或者神秘传奇、鲜为人知的秘史故事作为开端，相信每个听众都会洗耳恭听，期待着你赶紧讲下去。需要注意的是，开头的故事不要讲太长，不然会占据你讲正题的时间，此外你要对这个故事比较熟悉，否则容易讲几句就忘词，造成尴尬。

正确的做法是，用一段与讲话主题关联性比较大的故事情节开场，说明一个道理或观点，然后导入自己的讲话内容，这样很容易打动听众，激发听众对话题的兴趣。

3. 名人名言开头法

对于名人名言，大多数人都是熟悉的，并对此持有肯定的态度。用名人名言作为当众讲话的开头，往往能引起大多数人的共鸣，拉近讲话者与听众之间的距离，让他们觉得你们是同一类人。当你不知道用什么话来作为开白场时，最简单的方法就是抛出一句与讲话主题相关或与自己和听众相关的名人名言，这样就会引起大家的注意。

现实生活中总是存在着名人效应。相近的观点或话语，普通人说出来没有传播价值，经过名人之口，就像镀过金一般价值大增，甚至听到讲话者提起名人的名字，大家的热情就已经被点燃。所以说，用名人名言作为开场白，可以产生良好的效果。

不妨用一个带问号的句子来破题

破题，就是用一两句话说破题目的要义。通俗地讲，就是在当众讲话的过程中点明主题的句子，即主旨句，又称中心句。我们在当众讲话的过程中，要想说得精彩，就少不了这样的精妙句子。那么，我们该如何破题呢？不妨用一个带问号的句子来破题，即向听众提出问题。

破题在当众讲话中非常重要，如果不懂得破题，讲话的主旨就不知从哪里讲起，或者讲话者讲得很吃力，听众还是听不明白。深究大部分人讲话时思路混乱的原因，常常是观点不鲜明、主题不突出。而破题的句子则可以帮助讲话者和听众把思路厘清。

用一个带问号的句子来破题，就是向听众提出一个需要讨论或论述的问题。“提问”的作用很重要，能够破题的问题是讲话中最核心的问题，也是需要讲话者重点花时间去阐明的问题。通常来说，问对问题在当众讲话中可以起到以下两个作用。

问对问题可以激发讲话者的思路，使其确定好讲话的方向。当我们问出一个问题时，我们自然而然地想给出一个答案，在寻找答案的过程当中，我们就找到了讲话的思路。所以说，提出问题可以帮助自己厘清思路，确定讲话的方向。

当众讲话的时候，有些人容易失去方向，找不到中心点。没有头绪地讲话只能混乱地把众多观点堆砌在一起，思路很难打开，容易造成讲话卡壳、中断。如果用一个问题作为切入点和突破口，顺着这个问题讲下去，就确定了方向，从而越讲越顺畅。

所以说，好的问题就像一把钩子，将讲话者沉淀在大脑里的信息与知识都勾了上来，让讲话者很快进入一个积极的状态。这种一问一答的模式对讲话者起到一种很好的引导作用。

问对问题还能引导听众思考，增强讲话者与听众之间的互动性。我们当众讲话的目的并不是自娱自乐，而是希望说出来的内容能够被人理解与接受。想要达到这样的效果，讲话者就要花费心思去引导听众的思路。在讲话过程中不断地提问，带着问题去讲，听众才能跟随你的节奏听下去。

你提出来的问题可以让听众回答，也可以自问自答。听众即使不会站起来回答问题，他们也会根据自己的知识水平和理解能力在心里默默给出答案。无论他们的答案是否与你相同，听众对你的印象都会很深刻，因为他们已经和你进行过心理互动。

在当众讲话的实践过程中，该如何提问呢？其实，讲话者在提问时是可以按照一定步骤来的。

讲话者可以先提出一个封闭式的问题，即选择题，鼓动听众举手，与此同时，自己也把手举起来参与其中。这样听众很容易受到讲话者的暗示，纷纷把手举起来做出选择。然后可以稍微做一下统计分析，说出各项选择的听众人数，并告知正确答案。

有了第一步的预热作为基础，听众的热情一般已经被调动了起来，这时讲话者可以提出开放性的问题。所谓开放性的问题，有三种基本模式：是什么？为什么？怎么办？

“是什么”这种提问方式一般用来陈述事实、事物的特征等，也可以用“怎么样”“如何”来代替，这种句式一般是针对客观事物提出来的。“为什么”这种提问句式用来追问事情的原因，“怎么办”这种提问句式则是用于设定条件的问题，讲话者可以灵活运用这三种句式。

那么，在以提问来破题的过程中，应该注意哪几个方面的问题呢？

1. 问题与主旨要有关联

讲话者提出的问题一定要有目的性，要与讲话的内容和主旨具有密切的关联性。切忌提问与讲话内容毫无关联的问题，如果只是为了提问而提问，将不利于引出自己即将要讲的话题。

2. 问题应该简单易答

一般来说，与听众互动的时候不宜提出太深奥的问题，否则大多数人答不上来，台下一片安静，这是比较尴尬的事情。如果想得到热烈的回应，应该问比较简单易答的问题，这样听众不会知难而退，而会积极回答问题，让现场气氛变得更加热烈。

3. 互动时多提封闭式问题

如果与听众互动，我们应该多提封闭式问题，即选择题，少提开放性问题。对于封闭式的选择题，听众只需要简单回答“是”或“不是”即可，比较容易操作。开放性问题的回答则难得多，每个听众的想法都不尽相同，他们的回答不能统一，也不能让所有人回答问题，所以互动过程比较难以把控。

当众讲话的框架决定你的表现

当众讲话最尴尬的表现莫过于脑子里毫无头绪，开口就讲，没有目的性。这样做的结果往往是越讲越乱，找不到方向，根本不知道如何讲下去，导致急得满头大汗。面对这样的讲话者，听众也是很迷茫的，根本不知道台上的人在说什么。之所以会出现这种糟糕的情况，究其根本，就是因为讲话者头脑中没有讲话的框架。

什么是讲话的框架呢？讲话的框架就是我们说出来的整个内容要有一个中心点作为主题，还要有若干个支点作为基础，去支撑我们的主题。这就好比我们建房子时设计的整体架构，不经过设计的房子是没有办法建立起来的；不经过设计的讲话内容也是一盘散沙。

讲话的框架，说白了就是讲话内容的结构。如果讲话前有写讲稿，可以理解成讲稿的结构。我们在当众讲话前，一定要先在脑海中形成一个大概的框架，也就是有一个轮廓图，再往里面填充细节。

想要有一个好的讲话框架，那么在开讲前就要思考以下三个问题。

一是演讲的目的要明确清晰。即我们通过这场讲话是希望从听众这里得到什么，还是希望能对听众造成某种影响。比如，让听众购买某个产品、让听众做出某个决定等。

二是找出与听众有联系的事物和与听众利益相关的事情。一定要弄清楚这些事情或观点，才能设计出听众愿意听下去的内容。

三是确定讲述模式，也就是讲话者的思维顺序。例如，按照时间模式讲述，则是从过去、现在到未来；按照物理模式讲述，则是从上到下、从左到右；按照问题模式讲述，则是从主到次、从现象到本质；等等。

当我们把以上三个问题都思考清楚后，就可以开始设计讲话的结构了。讲话的内容可以简单分成三个部分：开头、主体、结尾。元代作家乔梦符说："作乐府亦有法，曰凤头、猪肚、豹尾六字是也。"当众讲话和古人作乐府也是同样的道理。

所谓"凤头"，指的是开头部分要新颖精巧，出语不凡，引出正题。

所谓"豹尾"，指的是结尾部分要简短有力，深化主题，引人深思。讲话的结尾是讲话开头、主体内容发展的必然结果，一定要注意归纳，或升华主题，或赋予希望，或号召听众等多种方式。好的结尾应做到收拢全篇、干脆利落，切勿画蛇添足、节外生枝。

所谓"猪肚"，指的是主体部分内容要充实，材料丰富、血肉丰满。当我们讲到主体部分的内容时应层层展开，一步步将讲话内容推向高潮。所谓高潮，指的是讲话过程中最精彩、最激动人心的部分。主体部分的内容一定要精心安排结构层次，层层深入、环环相扣，水到渠成地推向高潮。

在本章内容的其他小节里，我们重点分析了开头的方法，后面也会详细讨论结尾的方法，本节将重点讨论讲话内容的主体部分。一般来说，主体部分内容展开的方式有以下三种。

1. 并列式

并列式的讲话方式是围绕讲话的主题，从不同角度进行分析、讲述，这样的结构形式呈放射状向四面展开，每一个侧面都直接面向讲话内容的主题。比如，马云曾经在一场演讲中提到未来经济的五个新特点：新零售、新制造、新金融、新技术、新能源。这"五个新"就是并列关系的五个方面，共同印证未来经济的特点。

2. 递进式

递进式的讲话方式是从表面、浅层的问题或内容入手，然后步步深入、层层推进，最终揭示深刻的主题，犹如剥笋的过程一般。用这种方法来安排讲话内容的结构层次，能够由表及里地说明事物的本质，深入阐述和证明讲话者提出的观点。

比如，王健林曾在政法大学做过一场演讲，他以“努力践行文化自信”为题，首先讲“为何要有文化自信”，再讲“如何增强文化自信”，最后讲“万达践行文化自信”，一步一步、层层递进地推进主题。

3. 并列递进结合式

还有一种讲话模式是将以上两种方法组合起来，即在并列中包含递进，或在递进中包含并列。采用这种讲话模式能使讲话内容达到纵横捭阖、气势雄伟的效果。

乔布斯曾在斯坦福大学毕业典礼上进行过一场著名的演讲，主体内容讲述了他生命中重要的三个故事，这三个故事是用并列式铺开来讲述的，但在每个故事中又包含着层层递进的关系，灵活运用了两种结构模式。

根据不同场合调整讲话框架

孔子说：“未见颜色而言，谓之瞽。”意思是不看人的眼色讲话就和瞎子没什么区别，实际上这涉及的是讲话场合的问题。同一句话在不同的场合下，会有不同的意味。当众讲话时，我们不仅需要察言观色，看人讲话，还需要注意场合，随时调整自己的讲话框架。一个信口开河、想到什么就说什么的人，一定是个“不会讲话”的人。

懂得看场合讲话，才能达到理想的讲话效果。在现实生活中，往往有些人不分场合、口不择言，导致“说者无心，听者有意”的情况经常发生。你可能只是无意地说了一句话，却伤害到了别人，给对方带来不快，甚至招来怨恨。

在不同的公众场合中与人讲话，需要我们随时随地调整自己的角色及话题，不能总是一成不变。比如，在行业交流会上，同行之间的交流会较多地谈及行业内的信息、知识。在公司里跟同事和上司沟通，大部分谈论的是工作问题。而在聚会中与陌生人交流时，大多数时候谈及休闲娱乐、以放松为主的话题。

在这些不同的公众场合中，讲话者说出来的内容肯定是不一样的。当众讲话时，针对不同的听众不能用同样的语气，要综合考虑时间、地点、对象、环境、气氛等各因素之间的差异，灵活地调整话题。

不注意讲话场合，想到什么就说什么，显然是不受人欢迎的。一句不得体的话甚至可能导致亲密无间的朋友逐渐疏远。当众讲话时倘若不注意场合，即使再好的话题，再真挚优美的语言，也不可能产生好的讲话效果，有时甚至会得到适得其反的效果。

当众讲话要选择跟场合相适宜的主题。讲话的主题要与讲话场合的气氛相协调，也就是要考虑讲话时的时间和空间环境。时空环境不仅指讲话现场的布置，也包括时间、背景、组织和听众等。显然，在喜庆的场合大谈悲凉、在悲哀的氛围中大讲欢愉都是荒唐的。

当众讲话，语言要与场合协调一致。较为正式的场合包括政策性陈述、礼仪性讲话，不太正式的场合包括商务会议、茶话会、餐会和聚会的讲话，这两种场合所使用的语言技巧都是不同的，讲话前一定要仔细揣摩。大部分主持活动中，幽默的语言都是可以用的，但在有些场合下，如主持葬礼的时候，则要拒绝幽默的语言，否则会让人厌恶。不同场合的听众所能接受的幽默方式与内容也是不同的，要有针对性地选择相适宜的语言。

那么，如何有针对性地根据不同的场合调整讲话内容的框架呢？

1. 公众场合注意礼节

在公众场合讲话一定要有礼有节，不要说一些令人反感的话，并要随时检视自己讲话的内容是否符合社会主流价值，三观是否正确等。同时，注意自己讲话的声音，不宜大声喧哗，以免打扰、影响别人。

2. 工作场合尊重他人

在公作场合不要说些让他人丢脸的话，特别是开会人数众多时，有些话不宜说得刻薄难听，哪怕是指出、批评一个人的错误，也应采取委婉的语气或是对事不对人的语言来作批语，不要让他人在公作场合没面子。在与同事聊天时，不要说他人的缺点，应表现出应有的素质，不能说有失身份的话。

3. 在聚会场合多说好话

在与亲人相处的场合中，一定要多说一些好话，不要说不吉利的话。在朋友聚会的场合，不要说有心机的话。与朋友相聚时，大多数人都较为放松，说话也很随意，毕竟都是朋友，说话开玩笑都可以，但不要说一些不真诚、对朋友有害的话语，哪怕是善意的也应避讳。

结尾强化重点，加深听众印象

俗话说："编筐编篓，重在收口。"当众讲话一定要有结尾，不能有头无尾，随意终结讲话内容。一个精彩的结尾不仅能够让讲话在内容结构上更加完整，还可以强化讲话者所要传达的观点与信息，加深听众的印象。

关于讲话的结尾，常常有人走进误区。比如，太过于自谦，用"说得不够好，请大家多多包涵""啰唆了那么久，多谢大家的倾听"等这类句子作为结尾，那么听众对你讲话的印象就停留在"说得不够好""啰唆"等糟糕的印象中。

有的讲话者在所有的内容都讲完后，还东拉西扯、画蛇添足地讲一些与主题无关的内容，这很容易引起听众的反感。多余的结束语会扰乱听众的思路，破坏听众的兴趣，就算你之前讲得再好，听众也不会再记得那些精彩的内容。所以，讲话结束时应该当断则断，不要纠缠不清、弄巧成拙。

同时，我们应该注意，好的结束语不应牵强附会，乱用句子生搬硬套，而应像水到渠成一样自然。牵强附会的结束语会让听众觉得你是为了达到某种目的或效果而刻意为之，容易让听众感觉很不舒服。

精彩的结尾是有讲究的，我们应该精心挑选语句，让语言韵味深刻，升华主题。像马丁·路德·金在《我有一个梦想》的演讲中，以“终于自由了，终于自由了，感谢万能的主，我们终于自由了”作为结束语，就是一个非常经典的例子。这几句精心挑选的诗文不但表明了全篇演讲内容的主旨，还带有艺术的美感，给听众留下回味无穷、浮想联翩的余音。

我们还可以用名言警句作为结束语。比如，当讲话主题涉及人生、生命、奋斗等时，我们不妨用《钢铁是怎样炼成的》这本书中的经典语录作为讲话的结尾：“人最宝贵的是生命，生命对于我们只有一次，一个人的生命应当这样度过——当他回首往事时，不因虚度年华而悔恨，也不因碌碌无为而羞耻。这样，在临死的时候，他就能够说，我已把整个生命和全部精力都献给了世界上最壮丽的事业——为全人类的解放而斗争。”

好的结尾通常有三大作用：深化理解、强化印象、激发行动。根据不同的作用，我们可以总结出以下三种结尾的方法。

1. 总结式结尾

总结式结尾旨在深化理解。在结尾处将前面所讲的内容做一次总结和浓缩，能让听众听得更加清楚明白。如果在前面说得不够完整、准确，也没有关系，可以在结尾做一个全面的概括，给听众一个更完善、更准确、更清晰的结论。

2. 强调式结尾

强调式结尾旨在强化印象。在讲述完所有内容后，可以强调一下自己的观点或信息，将最重要的观点或主题向听众再重复一遍，将千言万语汇成一句精辟的话，相信大部分听众会深刻地记住你最后强调的这句话。

3. 号召式结尾

号召式结尾旨在激发听众行动。你可以根据你的讲话目的，要求听众去做一些事情，比如去买产品、去学习、去实现梦想，等等。号召式结尾就是让听众兴奋起来，马上参与到你发起的互动中，对你的鼓动做出热烈的响应。此时，你应该增强你的语气，力求给听众带来感染力，比如大声喊：让我们现在开始，马上投入到活动中吧！

以上这三种结尾方法都是当众讲话比较常用的手法。除此以外，我们还可以多加思考，开拓更多的结尾方式。以下这两种也是可以考虑使用的。

1. 故事式结尾

在讲话结束时讲一个有深意的故事，利用故事的寓意升华讲话内容，让听众深刻地理解话语中的内涵。故事式结尾法往往会让听众回味无穷。

2. 幽默式结尾

在当众讲话的结束语中，如果用幽默式语句作为结尾，无疑是非常有趣的。一个讲话者想在结束时赢得笑声，不妨使用幽默式的结尾方法，给自己和听众都留下一个愉快美好的回忆，从而圆满结束一场讲话。使用幽默式的结尾方法要注意跳出常规，不落俗套，做到首尾呼应，出人意料又在情理之中。幽默式结尾中的幽默要讲究适度，应在听众可接受的前提下使用。

第四章

训练台风，在第一时间赢得听众好感

风度翩翩的形象，有时比讲话内容更重要

孙中山先生说：“身登演讲台，其所具风度姿态应该是衣着整洁、举止大方，还没开口就使会场有肃然起敬之心。”可见，形象风度对于当众讲话者来说是非常重要的。讲话者在开口讲话之前，首先被听众注意到的是他的形象。

心理学理论证明，一个人给他人的第一印象非常重要，它往往会影响日后人们对这个人的判断。一个衣着整洁、彬彬有礼的讲话者会给听众留下礼貌周到、做事认真的好印象。一个衣冠不整、邋邋遢遢、满口脏话的讲话者则会给听众留下缺乏道德、缺乏责任心的坏印象。因此，每个讲话者在开口讲话前，首先要重视自己的外在形象。

作为讲话者，你要留给听众什么样的形象呢？你可以朝气蓬勃，让听众感受到你身上散发出来的清新气息；也可以落落大方，表达你的诚信和开朗；但你不可以故弄玄虚，让听众觉得你轻浮不可信。你应该注意自己的举止、谈吐、仪表、体态、着装、打扮等，努力给听众留下一个风度翩翩的形象。

什么是风度翩翩的形象呢？风度翩翩的形象就是美好优雅的形象。成功的讲话者都懂得塑造美的形象，他们会用自己的仪表赢得别人的尊重和信任，展现自己的风度和气质。优美动人的举止常常是符合礼仪要求的，讲话者英姿焕发、举止潇洒、热情谦

和，便显得彬彬有礼。如果敞胸露怀、扭捏作态，不仅没有风度，还是不懂礼仪的表现，往往令人厌恶。

保持优雅的风度需要选择适合你气质的服装、发型、妆容，还要注重你的气味，这对展现你的好形象来说非常重要。细分起来，我们可以从以下这几个方面来打造自己的形象。

1. 服饰颜色的运用

首先，我们要有一点色彩知识，在颜色上多加注意，不同的色彩会表达不同的风格，可以根据自己需要展示的形象灵活运用。深色系服饰代表权威信赖，亮色系服饰引人注目，暖色系服饰温和可亲。如果你想增加自信与亲和力，不妨选择深色系服装，再搭配浅色丝巾或围巾。为了将听众的目光吸引到你的脸上，腰部以下的着装要选择深色或中性色系，不要选择浅色的裤子。

2. 服装的搭配要得当

即使你有很漂亮的脸蛋、很时髦的发型，如果你在穿着方面搭配不当，整体的形象也会让人觉得很别扭，从而让人怀疑你的审美观。比如，你穿上一套很传统的旗袍，却配了双拖鞋，那么旗袍的优雅、古典风格就被那双拖鞋毁了。

当众讲话有正式场合和非正式场合之分。在正式场合，讲话者一定要穿戴正规，男士着西装，戴领带；女士则穿职业套装。在非正式场合的讲话，对服装的要求不高，但一定要整洁得体。当然，有的时候也要与现场氛围协调一致，如上级领导到群众中去讲话，穿便装就比穿西装效果更好。

3. 上台前检查服饰

为了保持美好的形象，在登台讲话前一定要检查一下自己的服饰。衣服的口袋里不要放东西，这样可以保证你的服装平整，如果在口袋里装满东西,会给人一种鼓胀的感觉。衣服外套的纽扣要扣齐，打造一种整齐端庄的形象。一般来说,尽量不戴眼镜,如果非戴不可，也不要让自己的眼镜处于摄像镜头的中心位置，不然会容易反光。

4. 衣着要舒适

衣着舒适才能展示你的翩翩风度，服装不宜过薄或过厚，以免给自己制造紧张情绪。在正式场合讲话时，最好不要穿全新的衣物，最好穿八成新的，这样会让自己感到更加舒适。鞋子最好穿平时觉得很舒服的那双，鞋底不要过硬或过软。

然后要轻装上阵，不适合戴的饰物要摘除。女士戴首饰应该以简洁为主，不要让饰物阻挡了听众的视线。男士的手表要松紧适度，如果戴起来太宽松，讲话时手表会随着手势上下移动，给自己造成不必要的心理负担。

5. 发型要整齐干练

我们观察一个人的整体形象通常会从头开始。你的头发不一定需要染烫，但你每天都要将自己的头发梳理整齐，该修剪的要修剪，这样才能给人舒服、清爽、干净的感觉。女性朋友在上台前可对着镜子检查一下前额的刘海是否梳理好，如果没有，可用定型喷雾或发胶来固定头发。

6. 注意化妆保养

对于一个经常需要面对众多听众的讲话者，如果时间和条件允许，可以定期去修剪眉毛、敷脸、做美容，也可以使用一些护肤品和化妆品。经常保养自己的皮肤会让自己看起来年轻漂亮、朝气蓬勃。登台讲话时，女性化妆要自然，不要浓妆艳抹。化妆是对听众的尊重，素雅大方的妆容会让听众感到愉悦。

仪态大方，一亮相就征服全场

仪态是一个人姿势、举止、动作、气质等外在形象的总和。仪态之美有三重标准：一是文明礼貌，处处显得有修养，没有粗野的动作和行为；二是自然大方，不虚张声势，不装腔作势；三是仪态美观，这是高层次的要求，它要求一个人的仪态优雅脱俗，美观耐看，能给人留下美好的印象。

一个当众讲话者如果能够做到着装得体、谈吐大方、仪态从容，像一位绅士或淑女一般谦逊有礼，一举手、一投足间处处体现出谦让、体贴、礼貌。这样优秀的讲话者必然一出场便征服全场，让人感受到他无穷的魅力。

相反，如果一个讲话者在公众场合语言粗俗，甚至破口大骂，那会大煞风景。不管你的学历和资历有多高，别人只需看你讲话的姿态以及行为举止，就可以断定你有多少文化修养。所以，作为一个当众讲话者，行为一定要端庄、优雅，再配上过硬的资历学识，那么你将更有魅力。

总而言之，姿态语言传达出的信息往往比声音和语言本身更富有内涵。你的体态、表情、姿势、手势等，不仅能传达出丰富的信息，还是你个性魅力的展示，能让你独特的形象深入听众的心灵。

在当众讲话时，如何做到仪态大方呢？我们可以从以下几个方面入手，打造优雅大方的仪态。

1. 上台前的姿态

在上台讲话前，讲话者首先要注意自己所站的位置，最好站在所有听众都能看到你，同时便于你使用自己的笔记本电脑、麦克风、演示设备的位置上。如果条件允许，你可以站到讲台前面，让听众看到你的全身，这样可以拉近彼此的距离，还能给人一种自信大方的感觉。

其次要注意自己的站姿，一定要站直，挺胸收腹，不要站得歪歪扭扭，给人无精打采的感觉。站直后，不要摇晃身体或左右不停地换脚、频繁地来回踱步、抖脚等，以免影响自己优雅的站姿。

2. 台上的站姿与移动

讲话者在台上讲话时，站立的位置不要只考虑自己的方便，还要注重听众的视角，他们是否需要伸长脖子或站起来才能看到你。同时，讲话者在台上的站姿也要得当，要站得挺拔干练、生气勃勃，给人以美感。

如果讲话时间比较长，你可以在台上适当移动，不要总僵硬地站在一个地方，以免给人一种疲惫而没有活力的感觉。移动时，你应该注意步伐，不要粗鲁地跨着大步，应该让自己的步伐显得轻盈活泼、自然大方。同时，要注意照顾会场边上的听众，不要阻挡他们的视线，要适当地靠近他们，和他们更好地互动。

3. 头部的动作

聪明的讲话者可以通过头部活动来传递信息。头部的肢体语言也很有讲究。一般来说，讲话者的头部动作不宜过多，如果总是晃动头部，会给听众一种不稳重、心烦气躁的感觉。当要和一些听众进行眼神交流时，你不能只把头偏过去，而应将头部和肩膀、身体一起移动过去。

头部动作的表现形式有点头、摇头、低头、回头、仰头、偏头、垂头 7 种，每个动作所含的意义不尽相同，讲话者一定要灵活运用。头部动作的运用需要遵循一些原则。

第一，头部动作要尽量做到位。有些讲话者的动作含混不清，会造成听众理解困难。比如，是点头还是摇头，要做到准确无误，让听众正确领会你的意思。

第二，头部动作的运用也要配合其他语言，可以是有声语言，也可以是无声语言。比如，点头的时候说一声“嗯”，给听众传递的信息就会更加明确。

第三，头部动作使用频率不能过高。总是摇头晃脑会影响听众的注意力，也会让你的姿态显得不够优美稳重。

4. 检查肢体语言的毛病

讲话者上台讲话前应该常常照镜子，看看自己的仪态是否足够优美大方，还存在什么问题，或者将自己的演说过程拍摄下来，查看有没有不文明、不得体、不自然的情况，还可以请朋友、听众帮助你检查肢体语言上的问题。

当你给人一种懒惰、疲惫、虚弱的感觉，并得到听众如此评价时，你千万不要只顾着生气，要先寻找问题的根源。你的肢体语言中可能已经传递出类似消极、厌倦、冷淡这样的信息，你需要的是改正自己的缺点，完善和丰富你的体态语言，做到仪态大方、风度翩翩。

眼睛可以帮你传情达意

意大利艺术大师达·芬奇在《笔记》中说："眼睛是心灵的窗户。"意思是透过一个人的眼睛，可以看到他的内心深处。在当众讲话的过程中，眼睛会把讲话者的思想、情绪、心理变化、品德、学识、性格等毫无保留地表露出来，可以让听众初步判断出你是一个怎样的人。

在一个人的五官中，眼睛最能打动心灵、表达感情。合理运用目光是一种非常重要的技巧，它可以表达出讲话者对听众的友好与关切。当讲话者不能用声音语言来表达某种感情时，往往可以用眼睛来传达，它可以让你在短时间内与听众进行深层次的情感交流。

遗憾的是，在当众讲话的过程中，有很多讲话者不懂得用眼睛与听众交流，自始至终都埋头看着讲话稿或仰头看着天花板，或东张西望，或低头看自己的脚尖。这样做不仅会影响自己的形象，还难以拉近你与听众之间的距离。

人们不懂得利用自己的眼睛传情达意的原因有很多，通常是因为讲话者内心胆怯、自卑，缺乏与听众进行视线接触的信心和勇气。也有一些讲话者，因为个人习惯，他们脑中根本没有用眼睛交流感情这种概念。

无论原因是什么，如果在整个讲话过程中你都没有和听众进行过眼神的接触，那么无论你认为自己讲得多精彩，都将注定是一场失败的讲话。如果你自始至终都没有看一眼听众，听众也不会把你放在眼里，因为他们接收不到你的感情和信息。

讲话者不敢看听众，会给人一种实力不足的感觉，很难得到听众的信服；讲话者不屑于看听众，会让人觉得你目中无人，很难得到听众的肯定。也许你并没有这两种想法，只是不习惯与人有眼神的接触，但你的这个习惯会让听众产生误会，他们会觉得你在有意回避他们，或者根本没有用认真的态度去对待这场讲话，而是心不在焉地应付他们。

对于当众讲话者而言，与听众进行眼神交流是一件非常重要的事情。只有真心实意地用你的眼睛看向听众的眼睛，才能激起他们的兴趣，引起他们内心的共鸣。假如没有眼神的交流，听众会觉得你和一个念稿子的木偶没有什么区别。

我们在开口讲话前通常需要暂停一下，用眼睛向听众加以问候。这时，你的眼睛不仅在传达信息，也在传递感情。与听众进行眼神交流，还能让你更加了解听众。从听众的眼睛里，你可以看到他们眼中的情绪，看出他们对你的话题是兴致盎然，还是索然无味。通过他们眼神的反馈，你可以及时调整自己的讲话内容。

同时，你可以用眼神和听众进行一定的互动。如果你提出了问题，你可以从他们的眼神中看出来他们的答案是否定的还是肯定的，他们对你的观点是赞同还是反对。如果你注意看听众，还能从他们的眼神里看到喜怒哀乐，了解你讲的故事是否具有感染力。

眼睛的作用如此之大，那么在当众讲话的过程中，我们应该怎样用眼睛传情达意呢？

1. 避免眼睛无神

在当众讲话的过程中，一定要让自己的眼神生动传神、充满活力、饱含感情，避免眼睛无神的情况。善于用眼睛传情达意的讲话者，他的眼睛一定能给人明亮有神的感觉。这需要我们平时多加训练，经常对照镜子练习自己的眼神。

同时，为了避免眼睛无神的情况，我们一定要在当众讲话之前注意充分休息，并且在日常生活中保护好自己的眼睛。因为，人在视力较差、患有眼疾，或身心疲惫、体质较差的时候，都可能出现眼睛无神的状态。因此，我们一定要保护好自己的眼睛，保持充沛的精力，并经常训练自己的眼神。这样，在当众讲话时才能做到眼睛有神而发亮，给人神采奕奕的感觉。

2. 善用眼神变化

要表达丰富的感情，还需要善于用自己眼神的变化来传达语言中的喜怒哀乐。在当众讲话的过程中，切忌双目无神，或全程都用同一种眼神来面对听众。只有富于变化的眼神，才能吸引听众，给听众带来跌宕起伏的情绪体验，让听众感觉到你讲话的精彩。

眼神的变化能准确地传递某种信息。比如，眼神的不同可以传达出不同的情绪与喜厌爱憎的倾向，思索时仰视，忧伤时俯视，庄重时正视，蔑视时斜视等。需要注意的是，讲话者的眼神变化一定要自然协调，要与声音语言灵活地结合在一起。

随时注意你的神态，别让夸张表情“帮倒忙”

人们的表情神态像一本包罗万象的百科全书，丰富多彩、千变万化，蕴含着巨大的感情信息。面部表情语言是比声音语言复杂千万倍的精妙语言。现代传播学也认为人际交流的核心组成部分是表情。因此，我们一定要把握好我们的面部表情，使它成为我们传情达意的工具。

对于一次成功的当众讲话来说，最能打动人的往往是讲话者生动形象的表情。表情会随着一个人的情绪和所处场合的不同而发生变化，心情愉快时，表情会如沐春风；内心忧郁时，表情会自然带着些许哀伤，不会一成不变，僵而不化。相对于语言来说，表情更直观、形象一些，也更容易得到听众的理解和感知。面部表情是一个人内心世界的“晴雨表”，别人可以轻易通过它读懂你的情感世界。我们都知道，在当众讲话的过程中，听众喜欢把目光集中在讲话者的面部表情上，想从中接收到有用的信息、思想或情绪。因此，讲话者一定要管理好自己的面部表情，始终保持自然的神色，切勿夸张滑稽，闹出笑话。

怎样才算是自然的神色表情呢？那就是讲话者的面部表情要

与讲话内容当中表达的情绪相一致。说到喜悦的事情，你自然地露出笑容，舒展眉毛；说到悲伤的事情，你自然地满脸忧郁，愁眉不展。就像我们在生活中经历一些事情一样，情绪都是毫不掩饰地表现在脸上，从不逢场作戏或矫揉造作。

如果讲话像演话剧一样，脸上的表情大悲大喜，或者挤眉弄眼、故作幽默，无疑是令人生厌的。表情神色贵在真诚、自然，这样可以提高听众对你的信赖度，会觉得你是个靠谱的人，对你的讲话内容就越容易接受。

在当众讲话过程中，切勿让自己的面部表情游离在讲话内容之外。如果这样做，面部表情就会与讲话内容脱节，表情神色也会失去它应有的作用，更会让听众感觉莫名其妙、难以理解。此外，讲话者要尽量避免消极的面部表情，如傲慢、讽刺等不容易为听众所接受的表情，以免产生不良的影响。

总而言之，我们要做到面部表情丰富而不夸张，生动而不过火。讲话者要善于研究每个表情之间的细微差别，这样才能够熟练地驾驭、灵活地运用，让它成为我们讲话时表情达意的工具，而不是让表情变成我们讲话的枷锁。

美国著名作家卡耐基在谈到罗斯福的演讲时这样说："他全身好像一架表现感情的机器，他满脸都是动人的感情，这样使他的演讲更有力、更勇敢、更活跃。"可见，生动而适度的表情神色具有很强的感染力，能为我们的讲话内容增色不少。

当众讲话时，人们比较容易犯的两个错误就是面无表情和表情夸张。这两个错误都属于表情使用失败的范畴，我们应该尽量避免。有的讲话者性格木讷、不苟言笑，登台讲话时亦是如此，即使是说起自己很清楚、很感兴趣的内容，也是表情呆滞、言不由衷。这样，整场讲话就平淡如水，毫无吸引力、感染力而言。

而有的讲话者表情则夸张到自己都无法控制的地步。比如，有人上台讲笑话，笑话还没讲完，自己倒笑得直不起腰来，好不容易止住笑，说出来的内容却没有多好笑，让大家觉得莫名其妙，如此一来，就造成了台上绘声绘色，台下毫无反应的尴尬局面。

从上面两种情况，我们可以看出表情管理的重要性。那么，在当众讲话的过程中，我们应该怎样控制自己的面部表情，才能做到神色自然轻松呢？

1. 善于展现你的笑容

面带笑容是一种非常优雅而友好的神态，可以在当众讲话时频繁使用。不过，笑容也不是千篇一律的。在丰富多彩的生活中，有爽朗、豪放的哈哈大笑，有笑不露齿的嫣然微笑，有强颜欢笑的苦笑，有带有抱歉的尴尬一笑，有豁然开朗的会心一笑，我们要根据讲话时的实际情况，灵活地绽放自己的笑容，为自己的话语增加感染力，切不可随意乱用。

微笑的魅力是无穷的，它不仅是自信、礼貌、涵养的标志，还可以融洽气氛、激发感情、缓解冲突。但是，微笑不等于大笑，毫无节制、肆无忌惮、不分场合的狂笑会让人感觉讲话者毫无素质、修养可言，这就是典型的“神色太夸张”。它不但难以引起听众的共鸣，还可能会引起听众的反感。

2. 慎用消极表情

当众讲话的过程中，要小心谨慎地使用消极表情，除非你是在讲故事，模仿故事中的人物表情。否则，一般来说，不宜使用消极的表情来面对听众，这会对听众造成很大的影响，引起巨大的情绪波动。

比如，使用傲慢的表情会让听众觉得你看不起他们，严重伤害了他们的自尊心，甚至引起他们和你产生冲突、对你产生反感，导致场面的失控。再如，慌张的表情会让听众无所适从，也无法相信你能讲出好的内容。而冷漠的表情缺乏亲和力，卑微的表情则会影响听众对你能力的判断，诸如此类的消极表情还是少用为好。

3. 根据讲话内容，适时调整神态

在当众讲话的过程中，我们的表情神态一定要随讲话内容的变化随时调整，不能在整个讲话过程中都保持一种神态。当然，也不应该像一条变色龙一般，过于夸张地快速变换脸上的神态。这个变化的过程应该是有过渡的，是自然而然发生的。

神态的变化是根据讲话内容发生改变的，这需要我们全身心融入讲话的内容当中，这样才能更好地理解讲话的内容，在表达时不会发生错误，从而准确地给听众传达自己的信息和情感。

如果一个讲话者面无表情、旁若无人地走向讲台，那么他一定不会给人留下深刻的印象，也不会引起听众的兴趣。相反，如果讲话者面带微笑、神态自然、表情丰富地走向讲台，那么一定会产生强烈的效果，会迅速提起听众的兴趣，让他们期待着你开口。

当众讲话时，神态语言是一种非常重要的沟通方式。讲话者

可以通过眼神、动作、面部表情来表达丰富的思想感情。神态语言常常蕴含着讲话者的喜好和倾向，讲话者通过自己一颦一笑的变化，向听众展现自己的内心世界。不同性格、身份、经历的讲话者会有各种不同的神态，它能生动地表现出一个人的独特个性。即使是在相同的环境下，面对同一件事情，每个人的神态也是有差异的。

莫让小动作影响了你在听众眼中的形象

不少人在当众讲话的时候，小动作很多，以为无关大雅，殊不知小小的动作大大影响了当众讲话的效果，也影响了你在听众眼中的形象。为什么会出现这些小动作呢？一是因为胆怯紧张，二是因为个人习惯。比如，有人一旦讲话紧张，就会出现抖腿、眨眼睛、舔嘴唇、身体前倾、跺脚、捂嘴巴、摸鼻子、抓头发、摸耳朵、摸嘴唇等诸如此类的小动作，让自己的个人形象大打折扣。

当众讲话时，如果小动作太多，很可能会给自己带来非常糟糕的结果。因为听众可以从你的小动作中看到你内心的紧张和不自信，从而怀疑你的实力，没有兴趣再听你说下去。还有一些不雅的小动作也会让听众产生反感，这都不利于你的讲话顺利进行。小小的动作可能会被听众无限放大。比如，抖腿和舔嘴唇会让听众误会你作风轻浮；频繁地眨眼睛会让听众误会你是个不靠谱的人。也许你会对此感到很冤枉，但是没有办法，你的小动作已经给人留下了这种不良印象。所以，我们应该尽量避免那些对我们产生不利后果的小动作，不要让台下成千上万的听众对你的小动作做过多的猜测和产生误解，从而大大影响你的讲话效果。

如果在讲话时不注意自己的小动作，还可能会给自己的工作和生活带来不必要的麻烦、障碍。比如，有人在公开面试时非常紧张，不由自主地摸了摸自己的鼻子，这个动作会让面试官认为讲话者非常不自信，并认为他的能力也是有限的。好好的一场面试，被一个小动作搞砸了，真的是一件令人惋惜的事情。

如果那位讲话者在面试时没有做那个摸鼻子的小动作，而是两手轻松自然地放在腿上，手的位置和腹部差不多高，这样自然的姿势就会给人一种坦诚的感觉，让面试官觉得你是充满热情与自信的。那么，这场面试成功的概率就会大大增加。所以，我们一定要知道每个肢体语言所代表的含义，这样才不容易出错。

比如，掰手指节表示精力旺盛，非常健谈；腿脚抖动表示自私、吝啬；摆弄饰物证明此人比较内向，做事认真踏实；耸肩摊手表示无所谓，常做此动作的人热情诚恳，富有想象力、创造力；抹嘴捏鼻证明此人哗众取宠；拨弄头发表示情绪郁闷焦躁；常把手放在嘴上，表示这是一个敏感、内心温柔的人；到处张望说明此人是乐天派，适应力强，兴趣广泛，爱憎分明；摇头晃脑则证明这个人特别自信，甚至唯我独尊。

在摸清楚这些常常出现的小动作的含义后，我们还需要注意，在当众讲话的过程中，有一些小动作属于禁忌的范畴。比如，拍桌子、拍胸脯、紧握拳头、手插口袋、双手抱胸、指指点点、背手、身体摇晃、挠痒、抠鼻、揉眼睛、抓耳挠腮、双手叉腰、摆弄衣角等。这些小动作我们一定要避免，否则将会导致你当众讲话的失败。

关于讲话时的小动作，你需要注意以下几个方面。

1. 避免没有用的小动作

当众讲话时，我们的每一个肢体语言都是为讲话内容服务的，应该摒弃那些毫无意义、没有作用的小动作。有的人讲话时频繁地使用小动作，摆弄不停，非常夸张。他们以为这样就能够吸引听众的注意力，殊不知，这只会让听众感觉眼花缭乱，觉得讲话者非常浮夸，从而对讲话者产生反感的情绪。

更有甚者，讲话时手舞足蹈，动作滑稽，可能一时会逗得听众哈哈大笑，调动起现场的气氛。但是，过多地使用这些动作就会让听众厌烦，甚者不屑一顾地模仿你的小动作，把你当成笑料、小丑。

2. 避免机械重复的小动作

可能是因为习惯的作用，不少人在讲话的过程中总是机械地重复一些小动作。比如，不停地搓脸、摸下巴、拉衣服、扯领带、玩手指等。这些都是在毫无意识的情况下做的小动作，做得多了，让人看着心烦意乱，给听众一种很做作的感觉，从而大大影响你当众讲话的效果。

第五章

锤炼声音，动听悦耳的声音助你一鸣惊人

声音清晰有力，让听众印象更深刻

当众讲话时，讲话者应该要求自己说出来的每一个字都清晰明朗。如果你的发音含混不清，不但会让人听起来非常不舒服，而且会令听众对讲话内容难以理解。

之所以会讲话不清晰，很大的一个原因是讲话者比较紧张。另外一个原因就是讲话者本身的发音方式有误。

如果是因为紧张而造成表达不清，那么就要去练胆，增强自信。至于因为发音方式有误而吐字不清晰的情况，则要学习一下发音技巧，并进行专门的训练。

有时候，讲话声音太低也是造成声音不清晰的一个重要原因。如果总是低声讲话，就会经常把语句中整个音节省略，使人听起来昏昏欲睡，这样的声音，怎么能够称得上清晰有力呢？

声音清晰有力，需要讲话者时刻注意使用恰当的语气，让声音洪亮、悦耳动听、铿锵有力。尤其是身为领导的讲话者，常常需要面对台下众多的听众，如果声音不够清晰洪亮，则很难让台下的每个听众都能听清楚。所以，讲话者的声音要有一定的穿透力，要使在场的每位听众都能听得真切明白。

声音清晰的另一个定义是“字正腔圆”。如果能做到“字正腔圆”地去发音，将会给听众带来非常悦耳的听觉享受。

字正是发音的基础，要求读音要准，送音要响亮。如果发音不清晰，就要从最基础的发音练习开始，弄懂声母、韵母、声调、音节、音变的标准，切勿误读。同时，我们要避开音色中的不利因素，在这方面多加训练。

腔圆就是我们在讲话的时候，声音要圆润清凉、婉转甜美，富于音乐美。有的人鼻音浓厚，讲话时鼻腔打不开，声音无法发出来，只有“嗡嗡”的声音，让人难以听清。这样的声音就不能说是“字正腔圆”。有浓重鼻音的人是不适合当众讲话的，即使只对着一个人讲话，对方也很难听清，更何况面对的是大庭广众。

有些人性子急躁，讲话的速度也非常快，这也是造成声音不够清晰的原因之一。讲话太快，除了容易说错以外，还时常会将两个字连成一个字去发音，从而让声音的清晰度大打折扣。说得太快的后果就是，听众听得非常费力，很难跟上你的速度，每一个字、每一个词都需要仔细辨认。

在生活中，有的人讲话时就好像嘴里含了一颗鸡蛋，他们在讲话时嘴唇都不怎么会动，说出的话含混不清，一个个字、一个个词、一句句话都好像黏在了一起，甚至听不出具体的字、词、句来。于是，我们常常把这种咬字不清、发音低沉、语言含糊的讲话者称为嗫嚅者，我们要尽量避免这样的情况发生。

那么，在当众讲话时，如何做到发音清晰呢？

1. 纠正鼻音

我们已经知道，用鼻音讲话会影响发音的清晰度。那么，有鼻音的讲话者该如何纠正呢？讲话的时候，上下齿间要保持半厘米的距离，而不是紧紧地合在一起，否则很难发出清晰的声音。

2. 张大嘴巴

讲话时，如果你的嘴巴没有充分地张开，发出来的声音就不够洪亮、清晰。因此，要将自己的嘴角尽量向两侧张开，嘴唇和嘴边的肌肉也要充分运用起来，平时经常做发音练习，才能达到发音清晰的效果。我们应该每天花时间来大声阅读一段话或一些词语，尽量把每一个字都咬清楚，使声带里发出“字正腔圆”的声音来，练习时间长了就能提高讲话的清晰度。

3. 避免低语

改善低语的情况，需要讲话时尽可能打开自己的胸腔，产生共鸣的声音。有颤动感，声音就会变得洪亮。

富有生命力的声音才能感染听众

当众讲话时，生动有趣、富有生命力的声音才能感染、打动听众。如果讲话时语调平淡、生硬艰涩、毫无激情，说出来的话就会枯燥无味。相反，如果讲话时高亢洪亮、富有生气，就会让人精神一震，引起听众浓厚的兴趣，甚至让听众听得如痴如醉，陷入浑然忘我的状态。

强有力的声音感染力会使你的听众很快接受你、喜欢你，对你在短时间内建立亲和力有很大的帮助。那么，在当众讲话的过程中，如何做到激情洋溢、生动有趣、用富有魅力的声音去调动现场的气氛，紧紧抓住听众的耳朵呢？

1. 讲话要充满热情

热情洋溢的声音给人以充满活力与生命力之感。当你向听众传递信息、劝说他人时，这一点有着重大的影响力。当你讲话时，你的情绪、表情同你讲话的内容一样，会带动和感染你的听众，从而取得良好的讲话效果。

所以，要增强声音的感染力，一定要注意自己讲话是否热情。和听众交流时，如果你一直板着脸，讲起话来也就很难有热情。如果在当众讲话时，你希望靠热情来影响对方，你的面部表情就一定要丰富起来，要经常微笑。

当众讲话时，我们发出来的声音一定要充满热情。因为，尽管我们无法改变声音的产生，但是我们的情绪、我们的状态可以影响声音的效果。所以，从说第一句话起，你就要表现得热情起来。

讲话时间较长时，讲话者很容易感到疲倦，精神状态也会相应地变得越来越差。这就需要自我调节一下，一定要注意自己是在笑着讲话，还是板着脸讲话。你的精神状态听众可以感受到，所以要时刻提醒自己笑一笑，以提高自己的热情度。

热情的声音一定要用积极的措辞。想要做到这一点，那就一定要自信、果断、中肯，讲话时不要吞吞吐吐，尽量不用“可能”“大概”之类的模棱两可的词语。

2. 控制讲话的音量

如何控制讲话的音量呢？你要问自己：你的音量是否够大？大家都能听到你讲话的声音吗？假如你平时讲话声音偏小，最好刻意地提高你的音量。因为讲话声音小，会给别人留下胆怯、不自信的印象，尤其是在人比较多的公众场合讲话，你应该用尽全力让更多的人听到你的声音。需要注意的是，语意的变化是随着重音的变化而变化的，当要强调一个重要的问题，想要引起大家的注意时，你就要适当地提高音量。

当然，如果声音太大，也是不可取的。过大的声音会使听众产生压迫感，心情紧张，神经容易疲劳，从而注意力不集中，影响效果。在一些比较安静的场合，假如你的声音太大，别人会觉得你在吵架。所以，你要根据不同的情况来调整你的音量。

声音的大小会影响听者的情绪，它是富有变化和层次感的。谁会愿意一直听很大且尖锐的讲话声呢？再有，当你总是使用太大的声音讲话，你的声音听上去会显得十分单调。所以，如果想让自己的声音听起来悦耳且充满活力，就必须在音量上有所变化。如果你的声音可以巧妙变化，就像海浪起伏一样，听起来就会让人感到愉快。

3. 培养受人欢迎的语气

讲话的语气也是一个人内心对人对事态度的直接体现。恰当的语气有助于语意的准确表达，提高沟通的效率。语气温婉能让讲话者的态度显得和蔼可亲，从而赢得人心，取得良好的沟通效果。

4. 形成个人风格

学会形成自己的讲话风格，时刻留意自己的音调、音量的变化以及讲话的速度。你要塑造自己的声音特色，根据自己的个性、环境和所要表达的感情来设计出个人的语音风格。大多数情况下，你的声音要清脆且洪亮，要做到有自信、目的明确和善于表达，并且讲话清晰，这样能给听众一种从容不迫的感觉。

练习腹式呼吸，声音更洪亮平稳

如果在当众讲话时声音很小，不够洪亮，就会大大影响讲话效果。有一个可以让我们的声音变得洪亮平稳的方法，那便是练习腹式呼吸。

有的人抱怨自己明明已经用尽力气在讲话，声音却还是很小，喉咙像被什么东西堵住似的，发不出洪亮的声音。造成这种情况的原因通常有两个，一是气息不稳，二是没有充分利用共鸣腔器官。

如果你感觉讲话很费力，声音又传得不远，就需要了解一些发音的知识。我们发出的声音是依靠声带振动而产生的，振动经过咽、喉、口腔、鼻腔、胸腔等发音器官修饰、放大，最终形成我们发出来的声音，并传入别人的耳中。

想让声音变得洪亮平稳，仅凭借声带的强烈振动，效果是不大的，这样会损伤声带，音质也不够悦耳。一些经常讲话的朋友，因为不懂得发音知识，常常把自己弄得喉咙发痛，但声音的质量还是不够理想，说出来的话总是忽高忽低，自己说得费力，别人听起来也费力。

有什么办法改变这种现象呢？要想发声洪亮，首先要学会呼吸。呼吸对于发声的重要性是非常大的，那些唱歌好听、声音嘹亮的音乐人，大都先经过了呼吸训练，然后才是声音训练。

呼吸方式决定了我们的发音质量。大多数人都是用胸部呼吸，发出来的声音轻飘飘的，没有力度且声音尖细。我们可以使用腹式呼吸的方法，也就是让横膈膜上下移动，来改善我们的声音质量。这种呼吸方式可以使你储存更多的氧气，使呼吸稳健、声音浑厚。

腹式呼吸的原理是这样的：吸气时，横膈膜会下降，并将脏器挤压到下面，因此肚子会膨胀，这时胸腔没有膨胀。呼气时，横膈膜会上升，吐出很多积存在肺里的二氧化碳。

腹式呼吸的方式有两种，一种是顺呼吸，另一种是逆呼吸。所谓顺呼吸，就是吸气时轻轻扩张腹肌，在感觉舒服的前提下，尽量深地吸气，呼气时再将肌肉放松。所谓逆呼吸，则与顺呼吸正好相反，是在吸气时轻轻收缩腹肌，呼气时再将腹肌放松。

练习腹式呼吸的具体方法如下。

第一步：找到一个安静、不受打扰的地方，仰卧或坐着，放松身心。尽量呼出体内所有的空气，使腹部自动收缩，腹肌自然放松。

第二步：快速地轻度深吸气，吸气不要太深，吸到腹部稍微膨胀即可。其原理是横膈膜突然松弛并自动下降，肺部因不再受顶压而恢复到原体积，同时让体外的空气通过口、鼻迅速进入肺部；紧接着，横膈膜稍用力主动下降，压迫其下方的内脏，使得腹部被迫膨胀。

第三步：出气发声。在这个过程中，要使腹部持续轻度膨胀，喉部肌肉应尽量松弛，让胸腔、喉部明显地振动。由于横膈膜持续用力主动上升顶压肺部，横膈膜下方的内脏因不再受压迫而逐渐恢复到原始位置，导致腹部逐渐自动收缩。

需要注意的是，出气发声过程中，在适当的时机，如讲话停顿时，要及时吸气，以补充肺部空气的不足。否则，会导致底气不足，难以维持声音的洪亮、稳定。

所谓“声靠气控”，也就是说，发声过程中声音的轻重、高低、抑扬顿挫等变化，主要由呼吸肌灵活有力的相持抗衡运动来控制横膈膜，并进而控制呼出的气流，而不是由喉部控制。实际上，喉部肌肉应尽量松弛。

在练习腹式呼吸的过程中，我们还需要注意以下两点。

1. 学会放松

在练习腹式呼吸的过程中，要学会放松，不要紧张，也不要刻意勉强。初学者在刚刚开始练习这种呼吸方法时，可能会有些不适应，甚至有少量练习者，在练习 3—4 分钟时有些头晕，这是正常的现象，不必过分担心，尽量放松身心，继续练习。练习者可以每天早晚各练习 5—6 分钟，在循环渐进的练习过程中，你会慢慢习惯这种呼吸方式，并且体会这种呼吸方式给你带来的好处。

2. 量力而为

身体好的练习者屏息时间可延长，呼吸节奏也可以尽量放慢加深。相反，身体差的人就要量力而为，可以不屏息，但气要吸足。通常来说，练习者每天练习 1—2 次，坐着练习、仰卧练习、慢走时练习、跑步时练习皆可，练到微热微汗就可以了。在练习的过程中，腹部尽量要做到鼓起和缩回 50—100 次。

有效控制声音的节奏，做到抑扬顿挫

有一位著名的意大利音乐家，走上舞台后没有唱歌，而是很有节奏地将数字从 1 数到 100。结果，台下的听众听得沉醉不已，为他的声音所倾倒，有的甚至还感动得落泪。这就是节奏的魅力！当众讲话时，抑扬顿挫、极富音乐节奏美感的讲话无疑是受人欢迎的。

如果总是用平铺直叙的声音来讲话，很容易让听众觉得乏味。我们要注意声音的高低起伏、停顿转折、轻重快慢，做到讲话节奏分明、朗朗上口、悦耳动听。要知道什么时候连贯，什么时候停顿，这样会使你的话语充满条理性，听众也易于理解、乐于接受。抑扬顿挫的节奏感是讲话者情感色彩的直观表现，能让听众耳目一新。

然而，抑扬顿挫的讲话节奏并不是每个人都能够做到的，有的人即使做了充足的演讲准备，也会在面对听众时方寸大乱，连要讲的内容都忘记了，更不要说注意节奏了。所以说，要想很好地掌握抑扬顿挫的讲话节奏，需要大量的练习，才能够做到熟能生巧。

那么，我们应当怎样去掌握讲话的节奏呢？

第一，根据讲话的内容来调整节奏。讲话的节奏应随着讲话内容的改变而发生变化，就像音乐一样有轻有重、有缓有急、有张有弛、有起有伏。比如，在一场比较枯燥无味的学术讨论中，如果只是一味地谈论深奥的理论知识，听众难免会昏昏欲睡。这个时候，我们可以掺杂一些有趣味性的知识或幽默段子，将深奥的理论和生动的例子结合起来，更容易点燃听众的兴趣。

第二，根据情感氛围调整节奏。通常来说，讲到比较悲伤的事情时，可以放慢讲话的节奏，营造一种深邃感和沧桑感。当我们在说快乐的事情时，可以加快节奏，让讲话的调子变得欢快起来。当表达内心的愤怒、激昂、兴奋、迫切等强烈的情感时，我们可以用连珠炮式的快节奏去讲话，这样能更准确地将内心的情绪传递给听众。总的来说，我们在表达内心的情感时，要做到"快而有章法，慢而有条理"。

第三，根据讲话的重点调整节奏。我们在讲话时，要善于抓住重点内容加以强调，这样才能更清晰地表达主题或思想感情。我们可以适当运用重音来调整讲话节奏，表明话语中的轻重之分，从而达到抑扬顿挫的语言效果。重音不但能使声音高低起伏，还能起到强调和区别词义的作用。

重音通常有以下三大类型。

1. 语法重音

这是指特定的语法规律下的重音。比如，某个字在词典中要求被重读，那么当它运用到某段话中的时候也应当重读，否则讲话者就会犯基本的语法错误。

2. 逻辑重音

在当众讲话中，特定的内容和重点部分可以运用重音。比如，领导在总结会上进行公开讲话，讲话内容有轻重缓急之分。所以，领导也多会运用重音来强调重点。

3. 情感重音

当众讲话时，为了表达自身的感情和独特的思想，我们通常会在讲话中安排重音。这里的重音不一定重，也就是轻重音，它往往会和停顿相搭配，从而起到区别和强调的作用。除此之外，讲话者还可以利用提高音量、拖长音节、一字一顿等方法来凸显重音。

控制语速才能掷地有声

当众讲话时，有的人讲话像机关枪一样，以不可控制的速度表达，让听众听得头昏脑涨，也跟不上他的节奏，从而对他的讲话内容完全丧失兴趣。相反，有的人讲话总是慢吞吞的，似乎每一个字从他嘴里吐出来都特别困难。说完上一句，想半天才接着说出下一句，让听众不禁为之着急。这两种极端情况都是没有控制好语速的表现，我们应该尽量避免。

在当众讲话的过程中，讲话的语速会影响听众对讲话内容的理解程度。语速太快，会给听众带来一种焦虑和紧张的情绪，让听众无法听清讲话的内容；语速太慢，会让听众听得昏昏欲睡，甚至对你的讲话内容完全提不起兴趣。可见，语速在当众讲话中有着非常重要的作用。

讲话者应坚持“快而不乱、慢而不拖、快中有慢、慢中有快、张弛有度、错落有致”的原则，这样才能将语言的清晰度和节奏感显示出来，使语言成为一种享受。我们不仅需要确保语速与讲话内容相融合，而且要确保语速与句式相衬。

说明性的内容适合采用正常语速，叙述性、描写性的内容适合采用较慢的语速。句式较为散乱冗长或有较多发音的拗口词汇，为了确保条理性和准确性，讲话者应将语速放慢，留给听众一些理解、消化的空间。如果句式整齐且富有韵律色彩，那么语速可以稍微放快一些，一方面听起来有力度，另一方面较快的语速也能凸显句式的整齐有致。

语速要结合所讲的主题、内容、情境以及演讲者的心理和情绪。另外，讲话者在当众讲话时还需要充分考虑具体的场景，争取做到在语速上随机应变。因此，我们一定要准确掌握语速的轻重缓急。语速的变化是流露自己内心情感的一种重要表达手段。通常来说，语速可分为快速、中速、慢速三种。

快速：在叙述一件事情的骤然变化时，讲话者可以选择快速的语调；在表达急促、惊惧、兴奋、欢快、紧张、愤恨情绪的时候，讲话者也可以用快速的语调。

中速：讲话者在客观地叙述和说明一件事情，内心平静而起伏变化不是很大时，可以选择中速的语调。

慢速：慢语速多适用于抒情的讲话，以表达讲话者内心的安宁、娴静、庄重的情绪。当然，在内心沮丧、悲痛或哀伤的情绪下，你也可以选择慢速的语调。

一般而言，正常的语速大概每分钟130字。如果把音量和语速结合起来，效果更佳。音量可高可低，语速可快可慢，把这两个方面的效果组合在一起，可以得出四种语速形式：高快语速、高慢语速、低快语速、低慢语速。具体说来，这四种形式的语速适用范围分别是：

1. 高快语速：情绪激昂

如果我们讲故事时想模仿故事中人物激动的语气，就可以加快语速，提高音量。当需要表达激昂的情绪时，也可以采用这种“高快语速”。

2. 高慢语速：突出重点

在讲话中如果要突出某个重点，想以一种权威专业的口吻去阐述某些信息的时候，可以采用“高慢语速”，提高声音的同时放慢语速。

3. 低快语速：紧张悬疑

如果你想制造紧张、悬疑的气氛，可以突然加快语速，并压低声音，擅长讲悬疑故事的人，就经常这样做。

4. 低慢语速：普通描述

如果是在陈述一些一般事实或者描述一些普通信息的时候，那就用“低慢语速”，这种语速和音量和我们平时跟家人、朋友讲话时使用的语速和音量是相当的。

第六章

出色表达，以最富有魅力的语言征服听众

通俗易懂，口语化的风格更平易近人

当众讲话时，如何才能让听众深刻地记住你说过的话呢？最简单的方法就是运用口语化的语言去感染听众，通俗易懂的语言才会受听众欢迎。其实，当众讲话的目的往往在于得到听众的理解和支持，而听众往往是凭着自己的兴趣和接受能力来理解话语的。

如果你在讲话的时候，较多地使用生僻的词语，听众就会觉得艰涩难懂，不知道你在说些什么。有可能你说得滔滔不绝，听众却是昏昏欲睡、烦躁不安。如果听众对你的话语连理解都做不到，又怎么会感兴趣呢？

当众讲话一定要注意语言的通俗化，考虑到听众的接受水平，尽量使用通俗易懂的语言，容易让人接受和理解。在讲话的时候，需要深入浅出，用大众化语言诠释大道理，要追求喜闻乐见，迎合听众的需求。

如果当众讲话时总是长篇大论，讲着高深莫测的道理，经常引经据典，语言生硬，甚至官话、套话连篇，这样的讲话效果往往会事倍功半，下面的听众往往如同坠入云雾，不知所云。如果我们在当众讲话时，能将深奥难懂的理论简明扼要地用通俗易懂的话概括出来，然后逐一讲解，相信下面的听众就再也不会有似懂非懂、云里雾里的感觉了。

为了让自己所说的话容易被听众记住，讲话者应该从听众的角度思考问题，站在听众的立场上，为听众着想，将自己的想法很好地传达给听众，而不应该以自我为中心，只考虑如何展现自己的语言表达能力。有的人喜欢长篇大论，把本来非常简单的道理绕来绕去，结果是，你不说的时候听众还明白一些，你越说，听众越迷糊。这就是故弄玄虚，人为地设置沟通障碍，这样的讲话方式听众厌烦还来不及，又怎么会把你的讲话内容记在心里呢？

当众讲话是一项语言的艺术活动，而口语化则是让当众讲话产生魅力的诀窍之一。如果讲话者不顾口语表达的实际需要，一味地咬文嚼字、堆砌辞藻，那就容易使言语无味。为了实现讲话口语化，我们的话语要有强烈的时代特色。

首先，我们要始终把握时代的脉搏，在讲话内容上狠下功夫。要使我们的话语闪耀出时代的光彩，内容是关键。白居易说："文章合为时而著，歌诗合为事而作。"讲话也不例外。讲话者应充分考虑当今时代的新要求、新任务、新特点、新思潮，要始终站在时代前列，敏捷地追踪时代信息，提炼出合乎社会发展方向的、深刻并具有时代性的主题。

其次，要贴近现实地使用新例子。我们在讲话中要使用新鲜的实例和数据等材料，做到贴近现实、贴近听众。我们可以利用报刊、广播、电视、互联网等现代化传播工具提供的信息，尽量使用"前不久""昨天""刚才"所获知的实例，使我们讲话的内容始终具有当代气息。

最后，要选用符合当代听众接受习惯的讲话形式，密切注意词汇的变化。当今社会新生词不断出现，原有的词汇被赋予新意时有所见。讲话者应及时准确地把握这种变化，运用最能贴近现实、引起同代人共鸣的“现代语”，并把握讲话语言的总体节奏变化。

现代人的语速、节奏较以前快了很多。从宏观上讲，适当地加快语速，结构上进行有跨度、有跳跃的安排，对突出讲话的当代特色不无裨益。

我们要说那些听众能听得懂、记得住的话，这样才能达到讲话的目的，也才能让语言发挥应有的作用。通常，对于自己感兴趣的讲话内容，大多数人是愿意花心思去记住的。因此，我们要善于在讲话过程中适时掺杂一些听众感兴趣的内容，如成语、民谣之类，简单的让过耳不忘。你讲起来，语言简短精练，让听众不仅听得明白，而且印象很深，也更容易记住。

在做一些深奥的学术报告时，可以运用听众易于接受、喜闻乐见的语言，通过生动有趣的故事和易学易记的“顺口溜”，让大家一听就懂，一懂就通。这样的话语才容易让人过耳不忘。

当然，通俗并不是庸俗。它主要是指语言的朴素、自然，接近大众，不装腔作势，没有八股腔调和呆板的说教，更富有启发性和吸引力。有时候，通俗化的语言能够更有效地向听众传达一些信息。许多讲话者只是单纯地求奇、求新而卖弄辞藻，使用一些艰涩的专业术语，反而让听众听起来十分吃力。其实，那些通俗易懂、生动活泼、没有华丽辞藻、听众一听就懂的话语更受欢迎。

那么，在当众讲话中，如何才能做到通俗易懂、深入浅出？

1. 说大众话

当众讲话应贴近生活，多沾些“泥土”气息，多点平和之气，多说一些务实、亲民、通俗易懂的“民语”。贴近听众生活的语言才是最为生动鲜活的。因此，在当众讲话时不妨适当引用一些在生活中广为流传的俗语、谚语、顺口溜等大众语言。

2. 说明白话

当众讲话首先是靠人的听觉接受的，想让听众听得清楚、听得明白，讲话者就要尽量少用那些晦涩难懂的书面语，多讲一些通俗易懂的明白话。语言要做到通顺流畅、语气自然、节奏明快，不仅自己说出来朗朗上口，下面的听众听起来也心情愉快。

3. 说实在话

有的人在当众讲话时，就是不会讲实话，只会把一些教条式的话搬出来，显得空洞无物。在发表即兴讲话时，你可以用生活中很浅显的道理来表达自己的想法，实实在在，会让人清楚地明白你想要表达的意思。所以，尽量多说实在话，少说一些冠冕堂皇的话。

4. 善用口语词汇

如“立即”可说成“马上”；“从而”可说成“这样就”；“备好”可说成“准备好了”，等等。如果遇到一个意思可以用几个词都能够表达，你要尽量选择一个容易听懂的词。不该省的字不要省。

5. 尽量用短句

尽量用短句，少用很长的句子，并且尽可能少地修饰句子；

要尽量避免使用倒装句，以免造成听众的错觉或分散注意力。

6. 少用文言

我们应该摒弃那些难懂的、文绉绉的词语。偶尔用一两句，也要专门给出解释。口语化的词语是可以用的。只有挑选那些现代人使用频率较高的词语，才能使我们的话语显得生动，雅俗共赏。

讲话紧扣主题，不可随意“跑偏”

当众讲话要紧扣主题、突出重点。若是讲了半天都没有讲到点子上，拐弯抹角、不着边际，洋洋洒洒却切不中要害，就很容易让人感到厌倦，甚至会厌烦和恼火。因为，那些无关紧要的话既没有实际的意义，又会让听众感到茫然不解，根本抓不住你讲话的中心。这样不但会使听众对你的讲话失去兴趣，而且也不可能让他们接受你的观点。

很多人在阐述自己的想法时，总是喜欢在最后引出自己的结论和中心思想。其实，这是一种很不明智的讲话技巧。因为听众对你讲话的兴趣是有一定限度的，他们不愿听一些烦琐的、冗长的、与主题无关的信息。你若不及早地点出主题，就会使自己的中心思想“跑偏”，听众对你的讲话会感到索然无味。倘若他们产生这样的心理，那么后面讲得再精彩，他们也会听得昏昏欲睡。

这就是说，当众讲话要突出主题，抓住重点。可能会有人觉得，当众讲话的内容越具体，就会表达得越清晰明朗；讲话的时间越长，就越能体现出讲话者的口才素养。事实上，这种观点是错误的。在讲话中，内容越简洁，穿透力越强，主题越鲜明，给听众带来的震撼就会越强烈。

这里还要提醒的是，当你在紧扣主题、突出重点的同时，还要把握讲话的内容，做到“形散而神不散”。要知道，当众讲话的所有内容都是紧紧围绕某一个主题展开的。因此，当你点出主题后，后面的论述应当对主题做出详细的解释和说明。这样，听众才能对你的讲话内容产生深刻的印象，对你的观点有更多的感触和深思。

那么，如何做到讲话紧扣主题呢？

1. 讲话材料与主题相契合

大千世界，千姿百态，无所不包，无奇不有。材料之多，可以说“取之不尽，用之不竭”。一场讲话不可能包罗万象，对材料必须有所选择。选材的首要标准就是要根据讲话主题的需要来决定材料的取舍。对选材的标准是“去粗取精，弃劣存优”，这些材料中能契合主题的常有不少，这就决定了选材有一个精挑细选的过程。

在能契合主题的众多材料中，作者应尽量选择那些能有力支撑主题的材料。比如，自己切实的并与主题相关的体验和感受；经过自己亲身实验证明的、与主题相符的材料；自己围绕主题进行的实际调查所得的材料；为了说明主题及与主题密切相关的事物，进行类推与比较说明的材料；与主题有相通之处的例证；能支持、证明主题的数据，包括某一事物的频率、比例、大小、多少等的统计数字；引用能印证主题的经典作家和著名人物的言论及文献资料等。

2. 讲话的结构与主题相贯通

主题是讲话的“纲”，讲话中不论由这个“纲”演绎出多少个层次，形成多么复杂的格局，都必须以纲统目，尊卑就序。唯有如此，才能使讲话内容严谨、统一。用结构来表现主题，反过来讲，也就是用主题来主导、贯通结构。

3. 语言与主题相辉映

主题既是思维结构的核心，也是语言组织的核心。我们当众讲话的目的是为表达自己的思想服务，为表达的主题服务。主题需要语言来表达，语言需要主题来凝聚。深刻的主题与完美的语言表达交相辉映，讲话才有魅力。那么，怎样用语言来很好地表现主题呢?

第一，要善于在关键地方用只言片语揭示讲话的主题。用只言片语揭示主题一般有两种情况：一种是直接点题，另一种是间接点题。

第二，要善于通过语言的修饰更好地表现主题。讲话中语言最精彩的地方往往是思想感情最深厚、讲话主题表达最精粹的地方。华丽的辞藻、优美的句子，必须与自己要表达的主题相偎相依。离开了讲话的主题，只谈所谓纯粹的语言技巧是毫无意义的。

注意言简意赅，避免喋喋不休

恩格斯说：“言简意赅的句子，一经了解，就能牢牢记住，变成口号，而这是冗长的论述绝对做不到的。”在当众讲话中，如何才能将自己的信息、观点、思想和情感，准确而高效地传达给听众？方法其实很简单，只要用言简意赅的语言，真实地表达讲话的内容，避免喋喋不休就可以了。

人们常说：“言不在多，达意则灵。”当众讲话时，不应该絮絮叨叨，令听众厌烦，而是应将最重要的信息简洁有力地表达出来。优秀的讲话者在讲述自己的观点时，总是使用最凝练的语言，让听众在最短的时间内明白他的思想和观念。

现代人的生活节奏非常快，讲话办事都讲求效率，我们必须适应现代社会，讲话尽量做到简洁高效。这意味着我们在当众讲话的时候，要在第一时间引起听众的兴趣，不要滔滔不绝地发表许多无用的观点，否则没有人会专心听你讲话。

当众讲话要做到精彩动人，不一定要长篇大论，只要能一语道破核心思想或一件事情的关键点，就容易受到听众的欢迎。相信没有听众会喜欢你绕弯子，却没有说出中心思想和观点。这对于他们而言，是在浪费时间，更是一种精神上的折磨。

所以，我们在当众讲话时，一定要语言简洁，不需要过多的辞藻去修饰你的观点，只要抓住问题的关键，把话说到点子上就可以了。当你以简明扼要的语言表达鲜明有价值的观点时，就能征服你的听众。不要一味地说那些空话和套话，引起听众的反感和厌倦。

有的人养成了爱说长话、空话、套话的毛病，不分时间、不分场合、不分话题，开口便长篇大论。时间越讲越长，新意越讲越少，套话越讲越多，听众越听越烦。其结果是把简单的问题说复杂，把明白的问题说糊涂。

我们应该养成长话短说的习惯，虽然说短话并不是一件很容易的事。从某种意义上讲，它比说长话更难。因为，短话并不是干巴巴的枯燥的话，也不是毫无内容的空话和套话，而是言简意赅的精练话。它是深刻的思想与精练的语言有机结合的产物。那么，怎样才能说出言简意赅的话呢？

1. 强化缜密思维

思维与语言是紧密相连的。思维离不开语言，语言也离不开思维。因为客观事物反映到人的头脑中，只有经过思维活动的加工，才能用语言表达出来；而思维活动的“成果”，只有用语言才能表达出来。所以，人们常说：“要想说得好，就得想得好；只有想得好，才能说得好。”

讲话要想达到言简意赅的效果，需要强化缜密思维的能力。缜密的思维不仅能有效地避免因非理性因素造成的言辞冲动、语无伦次，还能使言辞表达更精练、更准确、更富有逻辑性。因此，我们应该注意思维训练，克服思维的片面、平庸、浅陋和僵化，使思维更趋于缜密。讲话时，不仅要确定自己讲话的中心，围绕着中心讲话，而且要想一想哪些话是有用的信息，哪些话是冗余的信息，尽量将可说可不说的话省去。

2. 培养高度概括的能力

言简意赅的核心是高度概括。表达者只有具有高度概括的能力，才能迅速把握表达的要点，抓住事物的本质，说出言简意赅的话来。邓小平同志的讲话为什么总能“片言以居要”？除他具有高屋建瓴的伟人视角，对历史和现实的问题有深刻全面的了解外，一个很重要的原因就是他有着高度概括的能力。

不论是多么纷繁复杂的事件，不管是什么争论不休的问题、议而不决的方案，他都能迅速抓住事物的本质，做出高度的概括。一个大而复杂的问题，一般人难以三言两语把它说清楚、说透彻，但邓小平同志用简洁的话语就能够把这个问题说得非常清晰。

3. 提升语言表达能力

不论是思维活动，还是高度概括的结果，最终都是要通过语言这一载体表现出来。因此，讲话者要想言简意赅，还必须提升自身的语言表达能力，学会运用有效的语言方法和技巧来表达深刻的思想内容，从而使自已所讲的话言之有序、层次分明；言之有物、重点突出；判断恰当、推理有据。真正达到言短而意长、话少而意精，“删繁就简三秋树”的效果。

思维清晰，每句话语都要符合逻辑

在一些公开讲话的场合，我们经常会看到这样的现象，有的人啰啰唆唆说了大半天的话，下面的听众却听不懂。正当人们极力想弄明白他到底说的是什么时，讲话者却结束了自己的讲话。这样的讲话者是令人生厌的。因为，他们讲话没有逻辑，没有归纳出自己所说内容的重点，让人根本搞不懂他在说什么。

当众讲话，逻辑一定要严密、有条理，保持思维的清晰度，通过逻辑分析的方式，将自己讲话的目的清楚地表达出来。思维形式其实就是我们在思考问题时所使用的概念、判断、推理。思维规律是我们在使用概念、判断、推理进行思维活动时必须遵循的规律。

这些规律要求我们在进行当众讲话时保持同一性，不能互相冲突，不能模棱两可，而是需要充分的依据。这些是讲话具有严密逻辑性的要求，必须贯穿于我们讲话的每一个环节中。保持清晰的思维，让自己的每一句话都具有逻辑性，如此更能准确地表达出自己内心的想法。

逻辑清晰地讲话，要懂得归纳要点。如果随意组织语言，想到什么就说什么，自己感觉对方理解了，其实别人听得晕头晕脑，完全不知道你的重点是什么。所以，讲话时最核心的一点，就是形成建立信息点的意识。

在讲话之前，可以想一想：我需要向听众传达哪些信息点？如何才能最简练、最有效地把这些信息点传达出来，尽可能过滤掉不必要的信息？更重要的是，你需要知道，用最简洁、不重复的语言表达最全面的信息，不要过多地考虑修饰、铺垫，这些只会增加对方的理解成本。你要做的是，让对方能够立刻意识到你要传达一个什么信息，这个信息的内容是什么。

讲话有逻辑性，最常用的一个技巧就是“要点法”。从心理学的角度讲，人对于复杂信息的理解，最根本的模式是分类。也就是说，当你面对一段复杂的内容时，你下意识的反应就是对其进行分类：这段话讲了什么？可以分成哪几块？每一块分别讲了什么内容？

紧接着，你可以把这段复杂的内容进行归纳，转化为有效的信息点，从而有序地储存进大脑。所以，简单直接地说自己要传达什么信息和这个信息有几个要点，可以让对方对接下来的内容有一个心理预期，让对方知道你要讲的是什么事情，范围是什么，对方需要调动起大脑中哪些相关的信息来更好地理解你要说的内容。

比如，你可以用这样的模式讲话——我总结了下面三点：第一是什么，第二是什么，第三是什么。这样讲话非常简洁、直接、有效。需要注意的是，阐述要点的时候不要超过四点。因为人的短时记忆只能记住四个单位的内容，超过四点的话，会令对方感到超负荷。各个要点之间在逻辑上必须彼此独立、互不交叉，否则会给人十分混乱的感觉。

同时，每个点只讲述一件事情。如果过于复杂，就把多件事情合并成一件，分层次讲。倒推法沟通中，最容易发生的一个问题就是站在自己的角度讲话，没有考虑对方想听到的内容是什么。这是许多人最容易犯的错误。

具体来说，如何才能增强自己话语的逻辑性呢？

1. 有理有据

当众讲话需要言之有理、持之有据，当你提出一个观点后，需要有大量的材料来论证这个观点，让听众听了觉得很有说服力。当然，你所寻找的材料论据必须是真实的、准确的，一定要经得起实践的检验，如此，讲话才能做到事真、情真、理真，也才能令人信服。

2. 中心明确

要明确自己讲话的目的，你的每一句话都不能偏离自己预先设定的目的。每一次讲话只能有一个中心思想，不能随便变换中心主旨。你所表达的思想观点必须明确，是什么就是什么，不能模棱两可。你在讲话中需要肯定什么、反对什么，这些也需要明确，绝不能似是而非。如果你的话语陷入了含糊其词的境地，就会让听众难以琢磨你到底在说些什么。

3. 前后一致

在当众讲话时，人们最容易犯的错误就是自相矛盾。比如，“我基本上完全同意他的意见”，这句话就是表达有误，“基本上”和“完全”是两个逻辑意义不同的词语，“基本上”的意思是绝大部分但绝不完全，如此理解起来，这句话就是自相矛盾的，讲话者也难以自圆其说。

4. 用序数词

讲话内容的要点应按时间、空间、重要性等方面组织语言，分成第一、第二、第三，或首先、其次、最后等形式来讲。千万不要一大段一大段地讲话，那样容易让人听得发晕。

5. 多用连接词

当我们说到一个问题的时候，需要多用一些连接词。比如，“首先要树立远大而崇高的理想，其次要制定明确而实际的目标”，明确先说什么，后说什么，体现较强的逻辑性，使整个语言表达过程层次分明。

那么，在当众讲话中，就应多用“因为……所以……”“只有……才……”和“如果……就……”等因果关系与条件关系句型，把你所要说的东西串连起来，连贯性强了，才显得具有逻辑性。

运用泛泛的说明和具体的例证

当众讲话时，说明的重要作用其实就是简单地解释一个事实，不要让听众产生误解。我们应该清楚地知道，说明最主要的作用是在你和你的听众之间搭建起一座理解的桥梁。检验说明是否有效的标准通常有清晰度、精确性、准确性、统一性、真实性和必要性等。通常，我们使用说明时会陷入两个误区，一是解释太少，二是解释得过长。

解释太少会让听众不理解你的意思。如果没有完全理解一个问题的含义，关于这个问题的争论就都是没用的。我们在当众讲话中常常陷入这样的困境，发现自己在说一件事的一个方面，而听众想的是另一个方面。如果你和听众之间在某个事物或现象的定义上就有分歧，再进行更深的讨论是没有必要的。

解释得过长，令人乏味生厌。这样是会冒犯听众的，因为给他们的感觉是你要么不尊重他们的智商，要么就是在小题大做。无论是在解释大致观点，还是解释个别观点的时候，都要先预估你的观众可能知道多少。你既要努力让自己说的话清楚明了，又不能把话题解释到无聊的程度。

为了把问题、事物、现象说得明白，你通常需要使用以下这些说明方式。

1. 下定义

下定义是最主要的说明方法。定义是给出精确限定的一个陈述句。需要注意的是，定义中出现的术语本身不应该有太多的解释，语言应该清楚简洁，包括的内容不能太多也不能太少。

2. 举例子

举例子是另外一种能把定义放大或者充分解释一个观点的方法。举例子最大的价值在于通过提到一些众所周知的东西来说明不为人知的东西。为了把观点表述清楚，讲话者平时要在心中准备好一些有启发性的、合适的例子，这将成为讲话者在讲台上的首要资源。

3. 舍弃法

舍弃法是一种不太常见的解释方法。它是把相关的一些观点清除掉，从而让听众的注意力可以被集中到即将要讨论的主要观点上。这种方法虽然是说明的一种负面做法，但其实非常重要，因为考虑到一些问题错综复杂，问题下面又包含很多次要内容，为了突出重点，把次要问题先搁置在一边就显得极其重要。

4. 分类法

分类法就是把主题根据一定的原则进行归类。在长度允许的范围内，分类法的定义也可以这样说，是把主题根据其顺序、种属和类别进行归类。分类在公开讲话中非常有用，因为它把议题的范围缩小到了一个理想的程度。这种方法在展示一个事物与其他事物的关系或者相互关联时同样重要。分类法与“下定义”和“分割法”非常相近。

5. 分析法

分析法可以利用各种原则把一个主题分成几个实质部分。例如，按照时间顺序、地点顺序、逻辑顺序、兴趣递增或者走向高潮的顺序分析等。

6. 概括法

概括法是在观察过许多个别的事实之后，归纳出一个大的原则或者普通的事实。这种综合性说明不同于论证中的推广法，推广法在论证中需要引用一些证据才能推广出一个大的观点。概括法是讲话者表达自己观点的最有效的手段之一。

委婉含蓄，有内涵的语言让你魅力十足

委婉含蓄，就是人们把不愿直接说明的事物，利用相关的同义词或句子婉转曲折地表达出来的一种修辞方法。也就是在讲话过程中，不把本意直接说出来，而是故意说些与本意相关或相似

的事物来烘托本来要说的意思，使本来也许十分困难的交往变得顺利起来。

虽然委婉含蓄只是一种“治标剂”，却是语言交际中一种极其重要的“缓冲”，它会让原本可能困难的交往变得顺利起来，让听者在比较舒适的氛围中领悟到本意。

委婉含蓄是带有打哑谜特色的一种讲话方法，是一种巧妙和艺术的表达方式。在生活中，当我们很想表达内心的一种强烈愿望，但又觉得不方便说得太直白时，不妨借助委婉含蓄的表达方式。

林肯讲话的时候非常善于利用委婉含蓄的方式，让人在如沐春风的同时又幡然醒悟。比如，他对每天送到白宫办公桌上的那些冗长、复杂的官式报告感到非常厌倦。他决定提出反对意见，但他不以那种平淡的词句来表示反对，而是以一种几乎不可能被人遗忘的、富有画面感的字句说出来。

“当我派一个人出去买马的时候，”他说，“我并不希望这个人告诉我这匹马的尾巴有多少根毛。我只希望知道它的特点是什么就可以了。”

在当众讲话的过程中，含蓄可以让你从两难中走出来。向别人提意见或批评他人时，讲究修辞，以委婉而含蓄的话表达感情往往会达到更好的交际效果。当你发现领导或长辈确实犯了错误，又不便直接指出时，借助含蓄的语言可以起到劝导作用。

含而不露的语言可以维护我们的尊严。对于有些棘手的问题不便明言，但大家都能明白时，为照顾对方的面子，维护自己的尊严，当众讲话可含而不露，让听众自己去体会。

运用含蓄的语言委婉、间接地劝服他人，通常能达到理想的效果。但含蓄不是似是而非、故作高深，含蓄的目的是让对方听出“言外之意”“弦外之音”，达到讲话的目的。

如果将含蓄理解为闪烁其词、躲躲闪闪，与含蓄的宗旨就背道而驰了。在鼓舞斗志、交流思想的当众讲话中，言辞还是坦白直接点好。讲话太含蓄会让人觉得你太虚伪、做作，反而不明白你讲话的目的何在。而对于新闻发布、辩论等类型的当众讲话不妨含蓄一点，多用“弦外之音”。

第七章

巧妙煽情，
情真意切的讲话可以打动人心

适时套个近乎，拉近与听众的情感距离

相声演员冯巩参加春晚，开场白从来都没有变过，每次都是这一句话："观众朋友们，我想死你们啦！"虽然这只是一种节目设计的需要，但我们仍然可以看到，和观众套近乎是一种很得人心的开场白手段。不然，冯巩先生怎么会长久以来一直使用这个一成不变的开场白呢？

"套近乎式"的开场白能够赢得听众对讲话者的亲近感，这既能够放松讲话者内心的紧张感，也能放松听众的紧张感。讲话者称呼听众为"朋友们"，能够给他们积极的心理暗示，从而使讲话者自己避免由于过度紧张而出现失误。

同时，这也会让听众对讲话者少一份挑剔、多一份宽容，就算对方有一点小小的失误，大家也不会轻易计较。此外，听众把讲话者当成自己的一个"朋友"来看待，听讲话者讲话也就变成了听朋友讲话，既然是听朋友讲话，自然也就更加认真一些。

和听众或观众套近乎，要根据不同的身份场合使用不同的方式。作为一名相声演员，诙趣首先是他经常使用的手段，情侣间使用的"我想你"之类的话语，在他的开场白中被夸张运用，当然是再合适不过了。这样不仅能够获得一种相声艺术的效果——诙趣，博大家一笑，还能拉近听众与自己的距离，使听众觉得自己和讲话者之间的确像老朋友好久不见一般，亲切自然。

优秀的讲话者总是有着独特的和听众套近乎的方式，这些方式十分有用，它也许会帮你和听众之间建立良好的互动，也有可能让你带动全场的氛围。更重要的是，它还能打开讲话者的心门，和听众在情感上达到共鸣。那么，和听众套近乎的方式有哪些呢？

1. 打招呼套近乎

很多讲话者最常见的问题是怯场、紧张、忘词，而引起这些问题最重要的因素便是陌生感——对听众的陌生感。所以，当众讲话的高手往往会在一开始便和听众套近乎，尽量营造一个轻松的氛围，既让自己放松下来，也让听众愉快起来。总而言之，就是要让自己相信“我和听众挺熟”，也要让听众相信“讲话者和我们挺熟”。

不妨学学一些名人常用的套近乎的句式。

奥巴马：“嗨，大家好！你们今天过得怎么样？”

蒂姆·库克：“谢谢大家，谢谢主持人那么卖力地推销我，我一度以为她在介绍别人呢。”

2. 自嘲式套近乎

当众讲话有三宝：自嘲、哭穷、心意表。包装自己只会让人感到“假”，而自嘲之人往往更加幽默，让听众感到“真”。自嘲并不是抹黑自我、贬低自我，而是结合一些自己的短处或者“黑历史”来博人一乐，吸引听众的注意力。学会自嘲，自己把短处说出来，永远比从别人的嘴中说出来要好。

奥巴马快要卸任总统时发表演讲：“我看上去那么老，以至于约翰·博纳（众议院议长）已经邀请内塔尼亚胡（以色列总理）

在我的葬礼上发表演讲。”

比尔·盖茨在哈佛大学发表演讲：“我为今天在座的各位同学感到高兴，你们拿到学位可比我容易多了。我值得称道的也只有被哈佛的校报称作‘哈佛大学历史上最成功的辍学生’了。我想，这大概使我有资格代表我这一类学生发言……在所有的失败者里，我做得最好。”

3. 用辛酸故事套近乎

成功的人士背后都有着不为人知的辛酸事，正所谓“不如意事常八九，能与人言无二三”。所以，说一说自己背后的坎坷事，听众会十分感兴趣。了解了身后的苦，才能明白眼前的贵，大胆地去分享你的“辛酸”史吧！

马云：“其实，我不知道大学里老师工资那么低，九十几块钱的工资，按照我的脾气早跑了，但是答应了校长五年不出来，我坚持了六年。1994 年，我觉得我已经是相当于刑满释放一样，终于熬到了六年。”

J.K. 罗琳：“毕业七年之后，我遭遇了彻底的失败。我那极其短暂的婚姻走到了尽头，再加上失业，作为一个单身母亲，我沦落到穷困潦倒的境地，就差无家可归了。”

4. 真情流露式套近乎

讲话者在聊到“亲情”“爱情”“友情”的时候，总是会有很多话题，而听众也会因此而联想到自身，从而产生情感的共鸣。就像电视剧中上演生离死别，观众哭得稀里哗啦一样，很多感情方面的内容更容易让听众与你处在同一频道，相互呼应。

马丁·路德·金："我梦想有一天，我的四个小女儿将生活在一个不是以皮肤的颜色，而是以品格的优劣作为评判标准的国家里。"

朱棣文："我得到诺贝尔奖的时候,我想我妈妈会高兴。但是，我错了。消息公布的那天早上，我给她打电话，她听了，只说，这是好消息，不过，我想知道，你打算什么时候来看我？"

提到听众的名字，凸显关怀与重视

上台后的第一件事情，就是要称呼我们的听众。这看起来简单，却不是一件小事，有的讲话者就曾经因为称呼不到位而气走听众。那我们到底该怎样称呼听众呢？

首先，称呼要全面。我们的称呼要包括在座的每一位听众。如果情况允许，我们的称呼最好细化，带上形容词，特别重要的人，最好点到他们的名字。比如，"尊敬的杨校长、李校长，亲爱的老师、同学们，大家好""精神头十足的、与我同为'80后'的彭老师、李老师，以及清华大学的莘莘学子，你们好"。当然，有些场合重要人物比较多，时间不允许一一点到他们的名字，我们可以直接说"大家""各位朋友""各位领导""女士们、先生们"，等等。

其次，称呼要有顺序。按照通常的习惯，应该是按先长后幼、先上后下、先重后轻、先女后男、先疏后亲、先宾后主的次序来进行称呼。

你还可以记住对方的名字，在当众讲话时提到听众的名字，凸显你对听众的关怀与重视。有一样东西明明是自己的，却是给别人使用的，这样东西便是自己的名字。每个人都喜欢听自己的名字。如果在面对陌生听众的时候，我们可以很快地记住并且叫出他的名字，对方一定很高兴。

比如，在现场提问的环节，我们可以说："杨小红，请你来说一说好吗？""我们先有请性格活跃、爱思考的李小明来回答好吗？"我相信，当对方知道你在众人中能认出他来的时候，他一定很开心。有的时候，我们也可以在他的名字前面加上一些适当的形容词来褒奖、鼓励一下他。

名字如此重要，可是我们如何在短时间内记住这么多人的名字呢？一个比较有效的方法就是，把这个人的特征跟他的名字联系在一起。这个特征最好是这个人比较稳定的特征，但为了应急，也可以适当选择不稳定的特征。

比如，这位听众有着与众不同的发型或者衣着，我们就可以暂时通过发型和衣着很快地将他识别出来。我们需要制造一个媒介来联系他的名字和特征。名字的记忆有字义衍生法、谐音法、图像法等。当然，如果情况允许，我们也可以跟主办方要一张签名单，我们只需要照着上面的名字随便点就可以了。不过，这个单子最好不要太显眼。

如果别人见到你，第一句话是："啊，那个谁……"你的心里会是什么感受？记住名字是尊重他人的一种表现，能体现出你的素质。人们都渴望被他人尊重，而记住别人的名字，则会给人受尊重的感觉。因此，在当众讲话中，记住别人的名字很容易让人对你产生好感。

记住对方的名字，而且很轻易就叫出来，等于给予别人一个巧妙而有效的赞美。若是把对方的名字忘掉，或写错了，你就会处于一种非常不利的地位。

下面这四个技巧，也可以帮助我们轻松地记住别人的名字。

1. 重复一遍名字

你可以重复一遍他的名字，来确认自己是否记住和发音正确。如果他的名字比较难记，你可以多重复几遍。

2. 多多使用名字

当你与对方交谈时，尽量多使用对方的名字，不一会儿你就会记下来了。

3. 将名字对上人

将你记忆的名字与对方的相貌相互对应，心里重复这个联系并且记忆多次。用相关联的词语来记忆，比如，如果对方的名字和你所知道的某些词语，或者与你朋友的名字有着相似之处，那赶快将这个相似点记下来。

4. 把名字写下来

把他们的名字写下来，多翻几次笔记本，久而久之就印入你的脑海了。名字作为每个人特有的标识，是非常重要的。所以，尝试去记住别人的名字，不仅是对他们的尊重和重视，同时也会让别人对你产生更好的印象。

把“你们”变成“我们”，心灵更贴近一分

在讲话时，不时地使用“我们”这样的称呼，可以唤起听众对讲话内容的注意。当你在使用“我们”这样的称呼时，其实是在暗示你与听众是密切联系的，这样能够拉近与听众之间的距离。

在一般讲话场合中，我们经常使用“你们”这样的称呼。需要注意的是，有些情况这样的称呼并不适合使用，因为“你们”可能会让听众认为你是在高高在上地教育他们，或者是在跟他们划清界限，这时就要改用“我们”来称呼。

讲话者与听众之间最大的沟通障碍，就在于讲话者容易给听众带来凌驾于他们之上的优越感。无论讲话者在智力、学识方面多么优越于听众，也不应在讲话中表现出来，即使不是故意为之，听众也会对你的言辞举止分外敏感。这时以“我们”作为称呼，就能在无形中跟听众站到“统一战线”上，引起听众的感情共鸣。比如，讲话者想要说“你们想过这个问题吗”，就可以把这句话说成“我们不妨思考一下这个问题”。

再如，“你会从电视上看到国家领导人在出国访问的时候，受到热烈欢迎的场面，但是你知道领事馆的工作人员所做的工作吗？”，这句话就可以说成“我们都在电视上见到过国家领导人出国访问，受到热烈欢迎的场面，但是大家知道领事馆的工作人

员所做的工作吗？”。

用“我们”和“大家”来替代“你们”这个词，是不是显得更亲切？讲话者只有与听众拉近距离，才能更好地与听众形成良好的沟通状态，得到听众的认同。代词“我们”的运用，让听众参与到讲话者所描绘的图画中来，进而保持长久不衰的听讲热情。

而有什么办法可以使听众始终以饱满的热情聆听演讲者的讲话呢？那就是不要用代词“他们”，而要用“你”或“我们”。这种方法能够让听众感觉自己始终不是一个旁观者，而是其中的参与者。这一点对于讲话者来说非常重要。

下面的两段话，截取了第44届美国总统奥巴马发表就职讲话中的一部分。全程，他几乎都用了“我们”，让听众感觉非常亲切，也因此取得了成功的讲话效果。

“我目之所及，都有工作有待完成。国家的经济情况要求我们采取大胆且快速的行动，我们的确是要行动，不仅是要创造就业，更要为下一轮经济增长打下新的基础。我们将造桥铺路，为企业铺设电网和数字线路，将我们联系在一起。

我们将回归科学，运用科技的奇迹提高医疗质量，降低医疗费用。我们将利用风能、太阳能和土壤驱动车辆，为工厂提供能源。我们将改革中小学以及大专院校，以适应新时代的要求。这一切，我们都能做到，而且我们都将会做到。”

满足听众的情感需求，唤起强烈的共鸣

当众讲话时，我们面对的是各行各业的听众，听众和听众之间存在着差异，如知识、行业、背景和学历等。对于不同的听众，即使讲话的主题完全相同，讲话时也必须灵活调整，使内容和风格适用于不同的人群。这样，才能满足听众的情感需求，唤起听众的强烈共鸣。

在讲话之前，讲话者有必要清楚地了解受众，并根据实际情况调整策略，以获得良好的效果。

美国著名演说家拉塞尔·赫尔曼·康维尔发表了超过 6000 次鼓舞人心的讲话，但每次讲话，他说的几乎是同一个主题——了解自己。你可能会觉得一个主题已经被他重复了很多次，谁还会反反复复地去倾听呢？

事实是，康维尔博士的讲话每次都让听众听得津津有味。这是什么原因呢？这是因为他每次讲话的内容都不一样，尽管主题相同，但内容有很大的不同。

他曾经回忆说："每次去一个城市或小镇，我都会先与当地的经理、校长、牧师、售货员等不同职业的人联系和沟通，然后才能说出自己的话。了解当地的习俗和历史，然后我会在讲话中混合一些观众感兴趣的东西。这是我的经验。"

虽然康维尔博士对同一主题的讲话次数超过 6000 次，但听

众仍旧渴望听他的讲话。如果你有耐心阅读他讲的所有单词，你会发现每个单词都大不相同，你找不到任何相同或相似的副本。

你很难掌握讲话艺术技巧的原因是，你必须面对不同的人，所以讲话技巧没有固定的模式和标准。这需要“修改”并针对不同的受众，找到不同的讲话策略。

例如，听众是一些受过良好教育的精英。你的内容过于简单明了，听众会认为你的讲话是肤浅的，是缺乏水平的。这时，你更适合发表“抽象”理论。如果听众的文化水平很低，你在讲话中谈论一些高级概念性的内容，就会让听众感到困惑和无聊，并且不能很好地理解你的观点和想法。有时听众席上的听众也存在各种差异，但只要你掌握了听众之间的共性，了解他们共同的情感需求，你仍然可以与听众产生共鸣。在与听众交谈时，有以下几种方法可以满足听众的情感需求，激起他们的共鸣。

1. 将听众的关注纳入讲话

如果讲话的内容涉及听众熟悉且非常关注的事物，听众就可以更快地接受讲话者的想法。例如，如果你想去学校进行讲话，你可能需要事先进入学校，了解听众熟悉的一些动人故事或最近发生的事情。在讲话中，恰当地引用人们关注的这一事件将牢牢地抓住听众的心，引发听众的同感。

2. 获得观众的信任，更接近观众的心理需求

为了使听众对你讲话的内容产生共鸣，你必须首先获得听众的信任，并消除与听众的距离。在当众讲话时，说出听众的名字是接近听众心理距离的好方法。

不难想象，当听众听到专家脱口而出的名字时，他们自然会感觉跟讲话者很亲密。因此，提到听众的名字是一种非常有效的讲话技巧。但是，需要注意的是，当你喊出他们的名字时，你必须确保这些名字的正确性，否则会让听众感到不受尊重。

3. 让听众充当讲话中的角色

听众不仅是被动的角色，还应该充分参与。例如，在讲话中，讲话者邀请听众站起来帮助解释一个他们比较熟悉的行业用语。这样的方式牢牢地吸引了听众的注意力。有时你可以问听众问题，让听众重复你说的话，或者让他们回忆一下名人的话，然后说出来。

4. 让你的观点更深入人心

当我们讲话中的观点得到听众的支持和关注时，就意味着我们的讲话已被观众接受和认可。真正的语言大师总是能够用各种方法来拉近与听众的心理距离，让他们的讲话精彩纷呈。这需要我们提出鲜明而又利于大众接受的观点，并多次重复，让他们印象深刻。

表现自己的激情，让听众热血沸腾

“一名讲话者倘若没有足够的激情，是不可能取得成功的。任何一名讲话者都应对自己的工作怀揣敬畏感、责任感和使命感，激情就是对讲话高度责任感的体现。”著名演说家如此说过。表现你的激情，让讲话充满旺盛的生命力，这是以情感人、以情动人，激起听众的热情，引起他们共鸣的秘诀。

如果你讲话死气沉沉且没有激情，你的讲话将是苍白无力的，如果你不能影响你的观众，你就无法得到他们的认可。如果你从头到尾都没有得到观众的掌声，那基本上等于是自言自语。

当讲话者在听众面前表达自己的观点时，其实是在寻求一种思想和感情上的共鸣。因此，当你讲话时，你必须充满激情，并且你必须学会设置一些容易引起观众共鸣的“兴奋点”。这不仅会唤起听众的深层联系，也会让听众的情感和思想跟随你，从而形成“同样的呼吸，完全的悲伤和喜悦”的效果。如果你能达到这个境界，你的讲话无疑是成功的！

1940年5月13日，温斯顿·丘吉尔被任命为英国首相。那时，恰逢德国对欧洲大陆进行疯狂袭击，英国正面临着纳粹德国的压力，丘吉尔在如此严峻的时代背景下发表了著名的就职讲话。

这是丘吉尔充满激情的演讲，这些激动人心的语言，唤醒了每个英国公民心中隐藏的英雄情结、内心深处真诚的信念和坚定的决心，极大地鼓舞了英国人的士气和与法西斯战斗的精神。

谈到激情，每个人都可以找到像丘吉尔、马丁·路德·金、闻一多和马云这样的著名演说家作为榜样。他们站在演讲台上，发表着慷慨激昂的讲话，观众通常听得热血沸腾，甚至泪流满面。

不可否认，这些都是充满激情的演讲。当国家处于生死患难状态或发生某些重大事件时，这种激烈的演讲也会经常出现。但我们普通人，在一些公共场所讲话，很少使用这种宏伟壮观的言辞。

其实，激情不应仅限于一种形式。讲话者只要在讲话时充满真挚的情感，就是一次充满激情的讲话。因此，只要你从内心深处出发，与观众沟通和互动，将最真实的情感传递给观众，让每一句话都充满活力，就可以让观众热血沸腾，激起热烈的现场气氛。下面我们来学习一些让自己讲话时有激情的技巧。

1. 巧妙运用肢体语言来提高激情

当你讲话时，你可以使用一些肢体动作和语言来表达你的激情。肢体语言是讲话者的重要讲话技巧。不同的动作和手势可以产生不同的情感效果，这不仅能够使你的讲话充满激情，而且可以更好地证明你的观点。例如，当你面对听众时，如果你站得高，就会觉得情绪高涨，精神振奋；当你伸出右手并且用食指指向天空时，这意味着你在认真地讲述某些事情；当你摇头、耸肩膀、挥动你的手时，你会想到某些东西或某种观点，或者在否定它；当你抬头看天花板时，你正在思考或回忆某些事情。

当你讲话时，熟练运用肢体动作可以弥补话语中的缺点和不足，帮助你更好地表达某些特殊的感受和想法。但是，肢体语言的使用应该基于当时的言语情境，以及时间、地点、场合和表达的意见。例如，在使用手势时，必须要漂亮，必须在每一次动作中协调你的情绪表达，这样才能产生好的效果。如果你在讲话时滥用肢体语言，会让观众对你的意见产生误解，甚至认为你缺乏教育，对你留下不好的印象。

2. 向观众表达你的诚意和热情

无论你如何在当众讲话中使用各种肢体语言，无论你如何巧妙地构思你的内容结构，如果你缺乏足够的诚意和热情，就不可能唤起观众的激情。因为，讲话是情感交流的艺术，讲话者不能投入所有的诚意和热情，它如何能够感染听众?

因此，如果你希望你的讲话充满激情，那么你必须有兴奋、热情、积极的能量，并向观众释放你的诚意，将热情传递给听众。

第八章

善用技巧，
由始至终牢牢地抓住听众的注意力

设置悬念，打赢8秒注意力争夺战

人们都有好奇的天性，一旦有了疑虑，非得探个究竟不可。为了激发听众的强烈兴趣，可以使用悬念手法。在开场白中制造悬念往往会收到奇效。制造悬念不是故弄玄虚，既不能频频使用，也不能悬而不解。在适当的时候解开悬念，不仅能让听众的好奇心得到满足，还使前后内容互相照应，结构浑然一体。

比如，有位教师举办讲座，这时会场秩序比较混乱，学生对讲座不感兴趣。老师却突然转身在黑板上写了一首诗："月黑雁飞高，单于夜遁逃。欲将轻骑逐，大雪满弓刀。"写完后，他说："这是一首有名的唐诗，被广为流传，又选入了中学课本。大家都说写得好，我却认为它有点问题。问题在哪里呢？等会儿我们再谈。今天，我要讲的题目是《读书与质疑》……"

这时，全场鸦雀无声，学生的胃口被吊了起来。讲座即将结束时，老师说："这首诗的问题在哪里呢？不合常理。既然是月黑之夜，怎能看得见雁飞？既是严寒季节，北方哪儿有大雁……"这样首尾呼应，能加深听众的印象，强化讲话的内容，令人回味无穷。

设置悬念的讲话和设置有悬念的小说开头有异曲同工之妙，我们在当众讲话时，应该学习某些作家设计悬念的开头方法。如卡夫卡在《审判》中的开场白："一定是有人诬陷了约瑟夫·K，因为一天早上，他没有犯什么错就被捕了。”格雷厄姆·格林在《布莱顿·诺克》中的开场白：“黑尔抵达布莱顿还不到三个小时，就知道他们要谋杀他。”艾米莉·勃朗特在《呼啸山庄》中的开场白：“1801 年，我刚刚拜访过我的房东回来——就是那个将要给我惹麻烦的孤独的邻居……”

他们均以短短的一句话作为开场白，巧妙地为整个故事铺设了巨大的悬念，而那些悬念通常需要整本小说的内容来作为解答。

又如，伦敦出了一本被公认为不朽的小说杰作，很多人都称它是“全球最伟大的一本小说”。当该书出版之后，伦敦市民在街头巷尾只要与朋友相遇，都要彼此问一声：“你读过这本书吗？”答案一定是：“是的，我已经读过了。”

这本书出版的第一天，便销售 1000 册，两星期内共销售 15000 册。自然，以后又再版了许多次，而且世界各国都有了译本。几年前，大银行家摩根以巨大的代价买到了这本书的原稿，现在这本原稿和摩根的其他无价宝物一并被陈列在纽约市的美术馆中。那么，这部世界名著到底是什么呢？它就是狄更斯所作的《圣诞颂歌》。

显然，故意卖关子，将开场白的谜底放置于末尾处揭晓，是一种不错的制造悬念的方式。

事实上，在开场白中设置悬念的方式有很多种，下面这几种是经常用到的。

1. 故意把简单的事情说复杂

故意把简单的事情说复杂，是设置悬念开场白的方法之一。

比如，你可以这样说：“亲爱的朋友们，在讲话开始之前，我想问大家一个问题，1+1 等于几？”一个幼儿园小朋友都知道的问题却被堂而皇之地搬到讲话的开场白中，听众必然会产生疑惑：“这么简单的问题，当然是 2 啦，难道还有别的答案？不妨听他讲讲。”

这样一来，听众的注意力必然会被提问者吸引。“各位伙伴，从数学上来讲，1+1 当然等于 2，但在很多情况下，1+1 并不等于 2。比如，工作时工作量各为 1 的两个同事如果能够合作，最终能够达到的效果肯定会大于 2……”

2. 正话反说，一反常规地设置悬念

开场白设置悬念的方法还有正话反说，一反常规地设置悬念。比如，某人可能会这样开场：“亲爱的朋友们，大家好！今天站在台上，我不得不说，你们看上去非常‘讨厌’！这句话一讲，我知道大家可能生气了，你看你们的脸色，真的印证了这句话，你们真是越看越‘讨厌’——讨人喜欢，百看不厌！”

在这里，讲话者将“讨厌”解释为“讨人喜欢，百看不厌”，一开场就正话反说，一反常规，从而让人产生了继续听下去的欲望——听听对方到底是什么意思，这显然起到了很好的设置悬念的效果。

提出问题，激活听众的思维

任何一名讲话者都应该清楚地认识到，要想让听众接受你的看法和观点，就要和听众建立一种亲和的关系，通过循序渐进的方式去引导听众，呼吁他们认同你的思想和价值观念。在这个过程中，跟听众互动是必不可少的环节。

在任何一场讲话中，讲话者和听众之间永远是“秤不离砣、砣不离秤”的关系。讲话者是信息和观点的传播者，而听众则是信息的接受者。一位当众讲话的高手，首先应是一位心思细腻之人，善于深刻地洞悉听众的心理，知道如何去表达自己的思想和观点。出色的演说家往往一句话就能说到听众的心坎上。

倘若讲话者只是独自滔滔不绝地谈论或叙述，将听众看成一面墙、一棵树，一定不会有良好的效果。因为，在当众讲话中，听众虽然处于客体位置，但他们绝不是被动接受的“收听器”。你的讲话是否成功，完全取决于听众主观能动的认知，取决于他们对你传播信息的接受程度。可见，当众讲话要想成功，让听众心悦诚服地接受你的观点，就要时刻跟他们保持良好的互动和沟通，让听众将所有的注意力投入到你讲话的内容之中，让他们不由自主地进入讲话情境，从而引起他们的共鸣。

当我们在大庭广众之下讲话时，听众大多数是陌生人，而且我们的观点可能也会跟他们固有的思维有些差异，甚至冲突。换言之，讲话者和听众之间存在一定程度的陌生感。那么，如何消除这种陌生感，拉近与听众之间心灵上的距离，跟他们进行畅通无阻地交流呢？最有效的途径就是与听众互动。

与听众互动，还可以营造和烘托讲话的气氛。在一些比较轻松的讲话活动中，你可以在发言之前表明自己的态度，如“我喜欢讲话随意一些，如果大家有什么问题，随时可以向我发问”。这样可以尽量让听众相信，在接下来的时间里，你会融入他们当中，并且解答他们所疑惑的地方。其实，讲话者在融入听众当中的时候，也正是听众融入讲话中的过程。这种互动方式往往能够取得良好的效果。从心理角度来讲，作为一名听众，当他知道讲话者愿意拿出时间来解答他们心中所想或者所关心的问题，他们会对这位讲话者心存好感，会对他更为尊重，因此会专心致志地听他讲话。

有些出色的讲话者往往在上台讲话时会向听众抛出一些问题，让听众回答，以这样的方式引出讲话的主题，继而阐述自己的观点和看法。这样不仅活跃了现场的气氛，而且在情感上与听众形成了互动，最终产生了较好的讲话效果。

那么当众讲话时，我们该如何进行提问？

1. 以“问”开头，引起听众的注意

在讲话时，开头是非常重要的，倘若在开始就能赢得满堂彩，就意味着讲话已经成功了一半。以提问的形式来开场，不仅可以抓住听众的兴趣点，引起他们的好奇和注意，进而使他们对你后面说的话洗耳恭听，而且也会给人一种讲话干净利落、坦率直爽的感觉，给听众留下较好的印象。

复旦大学曾经举办过一次以“青年与祖国”为主题的讲话比赛，一位同学在讲话中就是以提问的形式开场的：“同学们，我问大家一个问题，对于青年与祖国的关系，如何用一个字来概括？”

台下的同学有的沉思冥想；有的抓耳挠腮；有的抬首望天；有的说出了自己的答案。过了片刻，讲话者回答了自己的问题："我的回答是'根'！我们青年，以及所有的炎黄子孙都有一个共同的'母亲'，那就是中华民族。我们都是中华民族的子孙，她是我们的根！"话音方落，全场响起一阵热烈的掌声。

这位同学以设疑的形式十分巧妙地吸引了听众的注意，给人留下了非常深刻的印象。

2. 以"问"引向高潮，让听众热血澎湃

真正成功的讲话也可以说是一场思想与激情交汇的盛宴。这不仅要求讲话者有独特的思想和内涵，而且需要听众感到激情澎湃、精神振奋。如果达到了这种效果，便可认为是讲话的高潮。如何做到这一点呢？讲话者不妨以提问的形式推波助澜，引导听众进入讲话的高潮。

一位刚毕业的大学生在一次竞选村主任的当众讲话中这样说道："乡亲们，大家都知道，我是一名孤儿，是在党的培养和乡亲们的热心关怀下长大的。如果我当不好这个村主任，不能将家乡建设得更美好，不能给乡亲们办点实事，怎么对得起党对我的培养？怎么对得起乡亲们的养育之恩？我又怎么对得起大家投给我的选票？在此，我恳请大家给我一个机会，让我为家乡的建设出把力，我一定不会辜负大家的期望！"

年轻人在讲话中一连串的提问，犹如惊涛拍岸，气势雄浑；犹如空谷足音，引人深思。听众也在他充满激情的话语中心潮澎湃、热情洋溢。全场响起雷鸣般的掌声，将讲话的气氛推向了高潮，村民纷纷投出自己手中宝贵的一票，年轻人最终以最高票当选了村主任。

3. 以“问”结语，令听众充满遐思

精彩的结束语往往会给听众留下无穷的回味和遐思。以提问互动的形式作为结语是讲话活动中比较普遍的结束方式。以“问”结语的妙处就在于，不仅可以对应主题，而且能够引发听众的深思，加深听众对讲话者和讲话内容的印象。

在一次以“维护社会正义匹夫有责”为主题的校园讲话比赛中，一位同学在讲话的结尾处这样说道：“亲爱的同学们，在讲话即将结束的这一刻，我要说，只有懦夫才会对不义之举一再忍让。面对社会上的不义之徒，亲爱的同学们，你还会视若无睹吗？你还要袖手旁观吗？你到底要忍耐到何时？”

这位同学一连用了三个反问句，表达了自己内心对不义之举的愤慨和不平之气，同时也是对听众的当头棒喝。即使她的讲话结束了，听众仍然在深思着她所提出的问题，达到了“言有尽而意无穷”的讲话效果。

总而言之，提问互动法在讲话中起着非常重要的作用，只要善于揣摩和运用，就一定能引起听众的注意，在情感和思想上与他们产生共鸣，从而让你的当众讲话引人入胜！

用丰富的资料和例子吸引听众

当众讲话，如何由始至终牢牢抓住听众的注意力？这要求我们在讲话的过程中，使用丰富的资料和例子。其中一个重要的方法就是用鲜为人知的资料吸引听众。千万别让你的讲话材料死板生硬。见解深刻固然给人别出心裁的感觉，但是往往容易陷入抽象而显得枯燥干瘪。所以，有必要让自己的观点表达走“深入浅出”的路径。这时，多举真实的例子无疑是一种好办法。因为真实的东西往往能给听众带来亲切感，使他们产生情感共鸣，从而达到引人入胜的最佳效果。

举例子要注意两方面的问题。其一，尽量让例子充满趣味。要知道，听众不是来听课的，就大多数人而言，趣闻轶事往往更能吸引他们的注意力。如果我们给他们举两个身边发生的真实故事，他们听起来会更有兴致。其二，尽量让例子细节化。我们常说生活是由细节“堆积”而成的。许多人看问题往往大而化之，不注意细节的变化。事实上，细微处最能见“真情”，也最能打动听众的心。

以“想象的力量”为例,我们可以以历史上的神话故事为例，来说明想象对文学创作的重要作用。例如,《封神演义》《西游记》和《聊斋志异》等，甚至还可以举众人皆知的“女娲补天”“夸父逐日”“精卫填海”“愚公移山”等成语故事，来谈它们对开启文学大门的作用。

如果我们能够结合自己的写作经历，就某一次写作中由于充分发挥了奇思妙想，达到“思接千载，精骛八方”的境地，使自己的文章展示了非同一般的才情而大获成功，那么听众听起来会更加津津有味。当然，讲自己的经历也要注意分寸，不能让听众产生忘乎所以、自吹自擂的感觉。那样容易引起听众的反感，甚至厌恶。

长篇大论的讲话内容容易令人生厌，我们可以在讲话的过程中，变换话题，交叉趣闻轶事。所谓变换话题，就是当众讲话时遭遇冷场，可经过临时变换话题的方法吸引听众的注意力。如交叉趣闻轶事活跃现场氛围来吸引听众的注意力。

趣闻轶事是人们在生活中津津有味的闲谈材料，生活中的很多人情味由此而来。讲话者抓住人们八卦的视听倾向，得当而又合时地讲述一些趣闻轶事，会让紊乱或者呆板的讲话现场立刻活跃起来，听众的注意力也被敏捷地集中到讲话内容上。这时，讲话者仍要回到原有话题的轨道，而结果就要好得多了。

一般来说，听众对以下几种话题都怀有浓厚的兴趣。

1. 满足求知欲望的话题

人们对于陌生的知识领域和无限的宇宙、遥远的过去、神秘的未来总是感到迷惘和困惑，总希望掌握各种知识，充实和提高自己。这是人类生存的本能需要。

2. 奇闻趣事的话题

人人都有好奇心，奇闻趣事、名人轶事、突发事件、科学幻想、个人经历等，都能激发听众的好奇心。

3. 历史秘闻奇案

历史事件是大众普遍喜欢的话题，增加一些自己的评论效果会更好。比如，谈宇宙的起源、人类的发展、历史的变迁、古代的案例等，都是比较好的切入口。

抛出惊人的数字，制造引人入胜的效果

19世纪物理学家洛德·凯尔文说：“当你能够计量自己所谈论的话，并且用数字表达出来的时候，你对这个话题一定有所了解。但是，你不能够计量它，不能够用数字表达自己想说的话，那你对这个话题的了解……是不足的，也不能够令人满意。”

统计的数据是说明和支持某种观点的有效工具。因此，只要能够小心地使用统计数据，并适当地解释，使这些数据对听众产生意义，它们就能够传达你的观点，表达出你的思想。最重要的是，你应该理解自己引用的统计数据，并加以适当的利用。

数据很容易被操纵和扭曲，所以要确保数据具有代表性，能够支持所说明的内容，还要确保正确地掌握好统计尺度。如此，才能让利用统计数据来说明某一情况的讲话者的陈述具体可信。当然，听众并不能记住所有的数字，但讲话者拿出一系列数字，会对听众产生总体上的影响，只要听众能够记得“有一系列统计数据支持讲话者的立场”，就算达到了目的。

当众讲话中，用从可靠来源获取的数据支持自己的观点，并让听众“听”懂数据，非常具有说服力。在这里，统计数据的主要价值是使讲话者的思想具备数字化的准确性，对讲话者努力论证一个问题时尤其重要。举例子可使问题更加清晰具体，并以个性化的用语使问题更加震撼，但是听众仍然会有怀疑。这时用统

计数字来说明就很有意义。研究显示，如果生动的例子有相关的统计数据佐证，例子会产生更大的作用。

统计数据固然有帮助，但是如果整个讲话从头到尾堆满统计数据，听众就很容易昏昏欲睡。只有需要的时候才补充一些统计数据，然后确保这些数字容易被听众理解，才能真正发挥统计数据的作用。与其将听众淹没在统计数据的大海里，不如仅用其中几个重要的数据更会起到效果。

那么，在当众讲话过程中应该如何利用数据呢？使用统计数据时需要注意哪些问题呢？

1. 说明统计数据的来源

数据是很容易被人操纵的，正是这个原因，细心的听众才会对讲话者统计的数据来源留心。

曾经有一位学生在一篇名为《赢在 2006——人民生活水平持续增长》的演讲中说："2006 年上半年，全国城镇单位在岗职工平均工资为 9275 元，比去年同期增长 14.3%。其中，城镇国有经济单位平均工资为 9796 元，增长 15.3%；城镇集体经济单位平均工资为 5566 元，增长 15.6%；城镇其他经济类型单位平均工资为 9165 元，增长 11.6%。"

这些都是让人惊讶或怀疑的数字。有些地方职工下岗情况很严重，相当多的大学生就业很困难。"数据真实吗？"他的同学就不愿意接受这些数据，他们非常怀疑他的观点。为什么呢？因为这位学生没有说出他是从哪里得到这些数据的。

但后来发现，他的那些数据是可靠的，因为那些数字来自国家统计局网站上发表的一篇《上半年城镇单位在岗职工平均工资持续增长》的报告。如果讲话者提到他在讲话中所引用数据的来源，他的讲话一定会更加有说服力。

2. 解释统计数据的意义

统计数据本身并不会讲话，我们要对它们加以阐释，用通俗易懂的语言解释给听众。

比如，香飘飘奶茶的广告语："杯装奶茶开创者，连续六年销量领先，一年卖出七亿多杯，连起来可绕地球两圈！"如果只说一年卖出七亿多杯，相信大家听到这个数字肯定感觉很抽象，没概念。但是，解释成"连起来可绕地球两圈"，马上就给人一种很直观的感觉，后来这个广告在市场上反响热烈！

此外，要简化复杂的统计数据。比如，珠穆朗玛峰的海拔高度是 8848.13 米；圆周率约是 3.1415926；月球离地球大概是 384401 公里。这些都是有趣的数字，但是听起来太复杂。除非有很重要的原因，必须拿出准确的数字，否则你应该将这些数字取整。你不妨说，珠穆朗玛峰的海拔高度约是 8848 米，圆周率约是 3.14，故宫有房屋大概 1 万间，月球离地球大概是 38 万公里。

3. 将数据转化为事实

数据很有效，但数据不是万能的，并不总是有效。一是因为，太多的数字容易枯燥，听众听得乏味；二是因为，数字如果过于庞大、微小或夹杂专业术语，听众就会没有感觉或者难以听懂。这时候，如果我们能够把数据转化为事实，听众就会更容易理解。

在关键处讲个情节起伏跌宕的故事

大部分成功人士上台讲话时，总喜欢讲故事，并且他们的故事往往可以吸引、激励观众，甚至有些故事催人泪下，下面就教大家如何在讲话时讲故事。

讲故事是让你的讲话从优秀走向卓越、从仅仅“有用”变得鼓舞人心的一剂良药。精心准备的、得体的故事都能为你的讲话赋予生命，并能够使你和听众之间的联系变得更加坚固。

故事的生动性可以给你的听众带来一种画面感，让他们沉浸在你的故事里，走进你的世界，而故事的真实性更容易被人们接受，使呆板的形象和遥远的概念变得亲切。它是讲话者与听众间建立联系的重要媒介。能够在听众心目中留下鲜活印象的只能是故事，要满足他们的需求，你就需要讲故事。

如果你的开场白过于枯燥无聊，你也可以插入故事，吸引听众的注意力，使他们不得不去思考，不得不选择继续听下去。如此，你已经是一名合格的讲话者了。

许多讲话者都很苦恼，大脑里明明有很多精心准备的故事，可只要一上台，就会忘得一干二净，甚至有些怯场、忘词，拿到话筒开口时根本不知道说什么，再或者用平平淡淡、流水账一样的语气讲完了故事，而听众丝毫没有反应。

讲故事的时段大致分为两个：开场白和讲话结束前。

在开场时所讲的故事大致以幽默、风趣、吸引人为主，必须让听众在听了你的故事后，还有继续听下去的冲动。我们可以调动听众的胃口，也可以调动听众的好奇心和脑筋，与听众建立一个良好的氛围，让听众喜欢上你。

在讲话临近结尾的时候，分享一个故事会让听众感同身受，拍案叫绝。一般，在这时插入的故事，大多为励志类、感恩类，或者与讲话者的经历相关。

那么，如何讲故事才能吸引听众呢？在当众讲话时，讲故事的要领有以下几个。

1. 讲清故事六要素

故事有六个要素，时间、地点、人物、起因、经过、结果。对此，我们已经非常熟悉。上小学我们写作文的时候，老师就是这样教我们的,每一个故事都要包括这六个要素才能表达清楚。对于“何时”的表述要注意开门见山,是警示性的话语,需要引起听众的注意；对于“何地”的表述要尽快进入场景，这样才会突出你想表达的主题；对于“人物”的表述要有名有姓，这样才显得真实，也方便听众厘清思路；对于“何事”的表述应注意具体化、细节化；对于“何故”的表述相对不太重要，是对听众的一个心理释放；对于“何果”的表述很简单，但是结果一定要让听众震撼，感同身受。

讲故事最重要的是对何事、何故的讲解，换句话说，就是重现场景。重现场景的一个技巧就是表达具体化、描述细节化，这样才能使听众以一个与你描述一致的画面进入情节，而不是让听众随意思考。否则，听众的反应会不一致，而不一致在社会心理学中就意味着心理互动的失败。当然，心理互动成功的话，你的讲话也就成功了。

2. 要用典型性的故事

在当众讲话时，我们要善于选择具有针对性和典型性的故事作为讲述的材料。所谓针对性，就是讲述的故事必须符合交际的情境和谈论的话题；所谓典型性，就是讲述的故事必须内涵深刻，并能阐明事理，让听者产生强烈的启示性和说服力。

3. 安排好故事的结构顺序

在当众讲话时讲故事，我们要善于安排好所讲故事的结构顺序，力求做到篇幅精练、脉络清晰，注重叙事进程的自然过渡和衔接，场面细节的巧妙转换和照应。只有这样，才能使听者真切地了解故事情节发展变化的过程，从而深入领悟故事的思想内涵。

4. 用简洁生动的语言讲述故事

在当众讲话时，我们要善于运用简洁、生动的语言来讲述故事。所谓简洁，是指语言表达简明扼要，不说多余的话；所谓生动，是指语言描述有鲜活感、画面感，能够吸引人和感染人。这样讲述故事，往往会形象化地再现人物的活动情景和事件的场面细节，从而大大增强当众讲话的现场效果。

用道具来“帮忙”，增强你的吸引力

当众讲话时，如果能利用道具独有的特色，吊足听众的胃口，让听众产生一种期待心理，渴望通过自己的努力找到答案，而答案又被设定在讲话者的讲话内容中，这样可以很轻松地抓住听众的注意力，使他们毫无杂念，专心地听你讲话。

“讲话道具”是指任何可以被用来配合讲话的道具，如图表、幻灯片、照片、印刷品以及实物模型等，目的是更好地帮助听众了解讲话内容。为何使用讲话道具？使用讲话道具有多种优势，最主要的优势是清晰。毕竟，我们生活在一个视觉时代，道具可以帮助听众更直观、更形象地理解事物。如果在讲话中利用道具，可以让听众更容易、更准确地弄清楚你想传达什么信息。

使用讲话道具的另一大优势是能够引起听众的兴趣。可视图像可以激发人的兴趣，在20世纪50年代至80年代，大多数大学教材都是枯燥无味的，只有一页接一页的文字。今天，因为有了图片和其他的道具，教材就让人容易理解多了，也更有趣了。讲话时也可以这样做。

道具对于讲话新手和容易紧张的讲话者来说尤为重要。通过操作这些看得见的辅助道具，可以有效缓解你的紧张情绪。但是，同讲话的其他要素一样，这也需要不断练习。没有经过认真准备的讲话道具只会暴露缺陷，这样反而说明讲话者缺乏经验。但是，如果经过周密的准备，讲话道具将会有力地支持你的观点，极大地增强你的专业性。

选择讲话道具，应考虑讲话场地的配合度、讲话时间的长短。如果讲话时间过短，就应避免使用复杂的道具。当讲话时间长于30分钟时，则应认真考虑使用道具的必要性，即可运用的资源、仪器设备、有多少时间及预算。

使用讲话道具应注意以下几个事项。

1. 选择适当的道具材料

选择道具的材料一定要考虑其材质是否方便展示。普通的粘贴板太薄，不容易竖立，放在讲台上和黑板边上都不行，放在黑板架上也不稳定。更好的选择是用泡沫板，这种展示用品自身稳定、结实耐用，也很轻便，两边都有高质图形纸，是展示图表和图画的极好材料。

2. 放在听众看得见的地方

提前了解环境，计划好把道具放在什么地方。如果你在展示一个物品或一个模型，一定要把它放在人人都能看得见的地方。将讲话道具放在讲台前面的一张桌子上，这对前排的听众可能没有任何问题，但后排的听众就不一定看得见了。有必要的话，你可以一边讲解，一边把道具举起来给大家看。把讲话道具放在最佳位置以后，你不要站在遮挡听众视线的地方，这会让你前功尽弃。你应该站在讲话道具的另一侧，并用离讲话道具最近的手，或用铅笔、尺子及其他的指向物指向它。用指向物可让你站在离讲话道具较远一点的位置，以免挡住你身旁听众的视线。

3. 避免在听众中传看

讲话道具一旦到了听众中间，至少会有三个人对讲话道具的兴趣超过对你的兴趣——已经看过讲话道具的那个人，刚刚拿到手的那个人，以及等着拿到讲话道具的那个人。

为每个听众准备一份讲话道具也不是解决的办法。你无法保证听众能够在你需要他们看讲话道具的时候才去看它，他们极有可能花费大量的时间去看讲话道具，而不注意你在说什么。虽然分发道具是一种可取的做法，但对于初学当众讲话的人来说，分发道具只会使听众分心。

当然，你若需要听众拿一些东西带回去看，应该等完成讲话之后再分发，这就不会导致听众分心了。

4. 讲解到相关内容时再展示

如果在讲话期间需要展示工具或模型，但是还没到展示的时候，若讲话道具放在看得见的地方，总会有一些人将注意力集中于道具而不是你的讲话内容上。

为此，对于这些工具或模型，我们应该把它们放在听众看不见的地方，直到快要讲到这个东西时再拿出来，讲解完，再把它放回原处。此外，放在粘贴板上的图表或图画也是一样。如果你用的是黑板架，应该用一张大的白纸盖在讲话道具上面，到了该展示的时候，再揭开白纸就可以了。讲话道具用完之后，再把白纸盖上去，或者把讲话道具拿走，这样可以防止听众分心。

5. 对着听众而非讲话道具讲话

在对讲话道具做解释的时候，讲话者很容易与听众断开视线联系而对着讲话道具讲话。当然，听众也主要在看讲话道具，你可以一边讲，一边看着讲话道具。但是，如果你的眼睛一直盯着讲话道具，那就会失去与听众的视线联系。这样，你就无法得到听众的信息反馈，不知道听众是否理解了讲话道具和你的讲解。

6. 解释时要清晰简洁

讲话道具并不能直接解释讲话内容，和统计数据一样，需要有人来解读它们，使它们与听众产生联系。讲话道具有很大的用处，但听众必须明白看的是什么，以及怎样看。很多初学讲话的人经常急急忙忙地使用讲话道具，根本就没有弄清楚和准确地解释讲话道具的意义。讲话者一定要把讲话道具的意义告诉听众，描述它的主要特征。如果是图表或图形，则需要逐条解释清楚，统计数据和百分比更应该解释明白。请记住，讲话道具只有在具备合适解释的时候才有用处。

第九章

和谐沟通，
让听众变成你的合作者

当众讲话要先学会倾听

当众讲话要想成功，一个必要条件就是具备良好的语言表达技巧。但是，单凭这一点是远远不够的。与听众沟通，不应该一味地向对方炫耀自己，而要善于鼓励对方多讲话，让对方表达自己的想法。

要想钓到鱼，就要像鱼一样思考。假如你希望得到对方的关注，那么就应该先关注对方。也就是说，在与对方交流的过程中，要先学会做一名听众，专注地聆听对方讲话，只有这样，你才能打开对方的心扉，令他在愉悦的氛围中表达自己的观点。

不管是声名显赫的大人物，还是普通人，他们都有一个共同点，那就是喜欢和善于聆听自己讲话的人打交道。心理学研究表明，越是善于倾听他人讲话的人，越容易被他人接受，也更容易受到他人的欢迎。这是因为，每个人在与对方交流时，内心都有渴望被理解、被尊重和被欣赏的心理需求，当这种心理需求得到满足后，就会愿意将自己的想法与倾听者一起分享。

专心致志地倾听对方发表意见，其实是一种很高明的恭维方式，尤其是当对方的意见和观点和我们不尽相同时，专注地倾听是打动他们的最佳方法。如果对方是一位吹毛求疵的人，或者是位固执己见的呆板之人，往往是最不容易被说服的，然而他身上固然也存在弱点，只要我们具备足够的耐性，专注地聆听，就能从对方的想法中找到说服他的点，而他顽固的思想也能像春日里的冰雪一般被融化。

最会讲话的人往往也是最会“听话”之人。如果你希望在当众讲话过程中受到听众的欢迎，那么首先要注意倾听他人的讲话；如果你想让别人对你产生兴趣，首先就要对他人产生兴趣，鼓励他人多谈论自己，如心情、观点、成就等。因为，每个人都喜欢让别人来倾听自己的故事，你在倾听对方讲话时，往往会让他们感到开心。

如果你想成为一名当众讲话的高手，那就从做一名优秀的听众开始。做到善于倾听并不困难，只要你多询问交流对象一些他感兴趣的话题，并且鼓励他谈论自己的事情就可以。当然，在倾听对方的过程中，你还需要掌握以下几个技巧。

1. 获取对方的关键信息

当对方在向你谈论自己时，会不时地描绘一些具体事实的关键词，根据这些关键的字眼，我们或许可以从中获取一些信息，而且这些关键词中可能还隐含着对方的一些兴趣或情绪，通过这些关键词找出对方感兴趣的话题，这样有利于和对方进行更深入的沟通。

此外，找出对方话语中的关键词还能使我们更加自如地与对方交谈。比如，我们可以在发表自己的观点时掺杂对方所谈论过的一些重要内容，对方就会感觉我们对他的讲话内容很感兴趣，听得很认真。他们被尊重和被重视的心理得到满足后，自然也就对我们增加了好感。

2. 语言上积极配合对方

当对方讲到某一点时，你可以用几句简短的话“插科打诨”，以此表示你对他所谈论的话题很有兴趣，如“原来如此”“太好了”“真的吗”等。你也可以向对方提出一些疑问，让他为你“释惑”，这样会让对方感觉你的确是在很用心地倾听他的讲话。不过，应该切记一点，倘若对方还没有开口讲话，你就不要急着滔滔不绝地发表自己的观点，抢了对方讲话的机会。

此外，在与对方交谈的过程中，即使对方的观点你不认同，也不要鲁莽地反驳或者纠正对方。因为你的观点也未必全然正确，若是贸然去纠正他的观点，就会将对方置于尴尬的境地，对方就会失去与你继续交谈的兴趣。倘若你有与他不同的观点和看法，可以在对方讲话结束以后，再以一种恰当的、不失和气的方式去阐述自己的意见，但切记不要在对方讲得兴致正浓的时候去打断他。

3. 运用眼神和肢体语言

在人际交往中，目光和眼神往往能流露和传递很细腻的感情，在沟通中起着非常重要的作用。在倾听对方讲述经历或观点时，最好是双眼凝视对方以示尊重。无论对方是什么身份、什么地位，我们都应该这样做，只有这样才能让对方感觉我们在很用心地倾听他的讲话。

有的时候，还要学会利用自己的肢体语言，暗示或鼓励对方谈论下去。比如，向对方颔首会意，绽放出一个微笑，或者稍微欠一下身。如果你在对方面前表现得像磐石一样，纹丝不动，就会让对方产生一种错觉——认为你对他的讲话心不在焉或不以为然，导致他失去讲话的兴趣。这里需要提醒的是，肢体语言动作幅度不宜过大。

现场交流，彼此说说心里话

讲话是一种交流，只有把讲话当作向听众倾诉自己思想感情的现场交流，讲话者的情感才会自然地投入其中。如果不与听众进行思想交流，听众面对一个只会念稿的“机器人”，怎么会有听你讲话的心情呢？要知道，讲话的一个极大的功用便是交流。通过语言的交流，人们可以共享资源，可以传递信息。

如果只是讲话者在前面说，而听众没有任何的回应和反馈，那讲话的意义必然大打折扣。为了与听众更好地沟通，得到更好的交流效果，讲话者完全可以试着将讲稿扔掉，进行一场激情澎湃的讲话。

“在座的同学们，听了这个故事，你们是否想到，那两位老人辛苦了一生，很可能没见过什么冰箱、彩电，但他们拿出自己积攒的钱修路，让国家把钱花在更有用的地方。也许，他们省下的钱就在供养着你和我，供养着我们这些大学生——时代的宠儿！当我们按月领取奖学金的时候，我们是否想到这样的老人？是否想到他们期望的目光和那纯朴的心愿呢？”

这是一个大学生在题为“生我是这块土地”的讲话中说的一

段话。讲话者在转述一个同学告诉他的关于两位老人卖开水攒钱捐助修路的事迹之后，一下子把视点投放到讲话的现场中来，通过运用设问的方式同听众直接交流，表现了当代大学生的社会责任意识和时代奉献精神。这种现场交流的意向，无疑促进了讲话者的情感投入，并取得了强烈的讲话效果。

所以，试着放下架子和讲话稿，和听众说说心里话吧。当一个人拿着讲话稿走上讲台时，听众的第一反应会是什么呢？听众会仔细琢磨一下，认为“这个人讲话很无聊”“这个人没水平”之类的贬性意见会占很大的比例。有了这样的第一印象，听众就很难对讲话的内容提起兴趣，自然也就不会对讲话者做出积极的反馈，双方的交流效果也会受到很大影响。

听众会对这样的讲话者产生不好的第一印象，这并不奇怪。因为很多拿着讲话稿的讲话者，走上讲台之后只会低头念稿，完全沉浸在自己的世界里，根本不注意听众的反应，也不与听众进行思想交流。

在一场足球决赛开始之前，主教练在球员们的面前进行了一次讲话：

“伙计们，我们马上就要走上球场，为了冠军的荣誉和对手尽力一搏，你们想不想赢？

从小组赛开始，我们就不被看好，但是我们一场一场地拼了下来。八分之一决赛，四分之一决赛，半决赛，我们始终不被看好，可是我们用场上的表现证明了自己的实力。如今，决赛在即，依然有很多人认为我们能进决赛是因为运气好，在决赛中会被对手狂躁。这种说法让我很不服气，你们觉得呢？我觉得我们是有实力的，我们能够战胜任何一个对手。只要我们有足够的勇气、足够的信心，就一定能获得最终的胜利！

我们的对手确实很强大，但是，他们也不是无懈可击，他们的战术和需要关注的球员，我们已经在准备会上讲过了。希望大家提高警惕，以最好的精神面貌和战术素养来迎接这场比赛。大家有没有信心？有没有信心？大声回答我！好了，让我们走上球场，用实际行动向那些看低我们的人证明：我们配得上这个冠军！最后的冠军一定是属于我们的！加油！”

在这段简短的讲话中，主教练通过提问来带动并激发球员的情绪，让所有人都激情澎湃，更好地团结起来。面对强大的对手和不被看好的局面，首先要有必胜的信念和强大的自信心作为支撑，这样才能更好地发挥水平，争取最好的结果。从整体来看，虽然主教练和球员们的交流非常简单，但是已经很好地达到了讲话的目的。试想一下，如果主教练手中拿着讲话稿，对着队员们进行长篇大论的讲话，效果又会怎样呢？

正因为讲话者对听众说的都是心里话，这不仅提高了听众的积极性和主动性，也为讲话者拓展了讲话的话题和空间。话题多了，交流的内容自然就会变得多起来。经过这样的良性循环，交流的目的便很好地达到了。你说出心里话，能更从容、更镇定、更随心所欲地与听众进行交流，提高交流的整体效果。总之，讲话者表达自己内心的感受，放下架子和听众进行交流，有益而无害，是十分有效的讲话方式。

那么，如何和听众说心里话呢？

1. 诉说自己的人生经历

亲身经历的事情总是有着特别动人的细节，容易说得情真意切。学会向别人说说心里话，能具体、有条理地把压在心底的事和想法表达出来，从而与听众产生心理上的共鸣。

2. 激发听众敞开心扉

在与听众的交流中学会倾听、学会倾诉，尊重别人独特的内心感受，激发听众表达的欲望，让听众也敞开心扉，把自己最想说的心里话说出来。讲话者如果怕听众笑话自己，不愿说、不敢说“心里话”，在交流时就会出现冷场的情况。所以，为听众营造宽松自由的心理氛围非常重要，讲话者要放下架子与听众平等交流，以朋友的身份耐心倾听，不对听众真实的内心感受做消极评议和打击，鼓励他们说真话，表达自己内心的思想感情。

引导听众互动，建立共同语言

讲话者引导听众互动，其目标是求得与听众的良好合作。讲话者在讲话时，如果能让听众参与其中，会有很强的代入感，同自己形成台上、台下互动，上下呼应的局面，讲话的气氛一定会十分热烈，效果也必定不错，同时也能够给听众留下深刻的印象。但是，在真正的讲话情境中，许多讲话者因为紧张、经验不足、害怕互动冷场等，不敢互动、不会互动。那么，我们究竟该如何在讲话中让听众与自己互动起来呢？

一个很重要的技巧就是引导听众重复你的讲话要点。当讲话进入一个比较平缓甚至乏味的状态时，讲话者可以引导听众重复自己讲话中比较重要、精练的内容，比如重复讲话内容中的某一个观点或结论。

不过，并不是所有的听众都会如此配合讲话者，我们该如何引导他们呢？讲话者要引导会场中的互动，可以从影响、反馈和重复重点内容这三方面入手，求得与听众的良好合作，防范、发现并消除听众的经验缺口。具体步骤如下：

1. 给听众以反馈

当听众回答讲话者的问题、阐述自己的观点或进行某项活动时，讲话者可以适时地说“很好，继续说”之类的话，以鼓励听众，给他以信心。这是一种可以经常使用的简单反馈。送小奖品也是一种很好的反馈，小奖品寄托着讲话者的赞赏、肯定和鼓励，是具体的、能带走的，甚至是可以保存的。如果碰到表现欲很强、很能说的听众，一旦说起来，会滔滔不绝，为了阻止他继续说下去，又不至于伤害到对方，讲话者就可以用“你的观点很奇特，有不同意见的吗”类似的话反馈对方，让对方发现自己的不妥。

针对听众的表现，讲话者也可配合一些特别的表情、动作和声音。当听众演练故事、回答问题或阐述观点时，随着其表述的内容，讲话者可以在一旁做出相应的狂喜、吃惊、愤怒、悲伤等夸张表情，甚至配合挥拳等夸张的动作。讲话者给予听众这种反馈，大大拉近了讲话者和听众的心理距离，也活跃了讲话的气氛，有利于双方的进一步交流。

2. 引导听众重复重点内容

当说完一个小节，讲话者不妨带领听众一起做一个回顾和总结，比如说，“刚才我们分享的内容主要有以下三点，第一点……第二点……第三点……”需要注意的是，讲话者只做引导，不做阐述，最多说出上半句，引导听众说出下半句或者下半句中的一两个词。

“跟我说一遍”“重复重点”，每当讲话者说完一个章节或重要部分，不宜马上接着往下说。讲话者需要引导听众重复重点，加强记忆。

3. 请求听众举手

“同意的请举手”这是引导听众做出反馈的常见手法。这里有两种考虑：一种是讲话者仅仅想了解某种真实情况，至于有没有人举手、有多少人举手则无所谓。另一种是讲话者自认为可以“预见”举手的结局，或大多数人会举手，或某些特定的人会举手，或大多数人不举手，或某些特定的人不举手，等等。于是，讲话者想利用这种可以“预见”的举手结局来方便自己的表达。但是，对于后一种考虑，讲话者要有足够的把握，否则可能会出现尴尬的局面。

4. 共同做游戏，激发兴趣

有位讲话者一上台就问：“朋友们一起来做个游戏好不好？”听众立刻兴趣大增。他再指导听众操作：“请将左右手手腕与手掌边缘的横纹相叠对齐，然后左右手手掌重合，再看右手比左手的中指是否要长一点点？”他指导听众操作，又亲自示范，形成模仿式互动。结果大家发现，右手中指比左手中指果然要长一点，这就更加激发听众的好奇心了。

讲话者又说："刚才这个游戏是一位所谓的大气功师的表演。他先装模作样地向听众发气，然后再指导听众做刚才的游戏。结果，人人都发现自己的右手中指长了一点。气功师说这是他发气的结果，大家深信不疑。我当时也被愚弄了——朋友们，我可没有愚弄大家的意思啊！"

听众大笑之后，讲话者进入正题："我今天讲话的题目是《相信科学，不受愚弄》。"然后，他才进入讲话主题，效果非常好。

讲话者以共同游戏的方式和听众形成模仿式互动，既激活了听众的好奇心，又巧妙地增强了听众的参与意识，还集中了听众的注意力。而且，因为听众全神贯注地参与了互动活动，所以当讲话者亮出与互动相关的主题——"相信科学，不受愚弄"时，前面的互动与后面的主题相互照应，听众自然对后面的讲话产生更大的兴趣，并更加认真地倾听。

模仿式互动使听众更容易跟随讲话者的思路走，但也要注意动作不要太复杂，以免听众难以"学样"；动作幅度不能太大，以免引起全场的混乱，难以收拾"烂摊子"。

5. 请听众补充

"就以上所讲的，大家还有什么疑问或补充吗？"每当讲话者讲完观点，不宜马上接着往下讲，讲话者需要喘口气，听众也需要整理一下思路，讲话者可以利用这个时机了解听众是否存在经验缺口。因此，这种类似的问话应该在会场中重复多次。这句话既给了听众提问的机会，也给了听众表达的机会，对于发现乃至填平听众的经验缺口起着至关重要的作用。

6. 知己知彼

“知己知彼……”这种方式利用了听众的惯性反应。遇到那些众所周知的成语、俗语、名言等，讲话者未必一定要由自己说完，可以把下半句留给听众去说。以这种方式寻求听众的反馈，不但可以调动听众参与的积极性，还能有效地防范听众走神。这也应该成为讲话者的讲话习惯。

7. 让大家一起行动

“请跟我的描述一起做……”讲话者在讲解一些方法时，听众不参与，可能会感觉很无聊，如果要求听众参与，一起体验感受，积极性就会大大增强。行动学习、体验式学习能加强听众的热情和以后的行动力。

8. 征求意见

“大家同意他的观点吗？”有时讲话者并不认同某位听众的观点，为了避免冲突升级，又不想直接反驳，讲话者可以考虑发挥其他听众的作用，以化解冲突。

置换角色，自己当一回听众

在当众讲话的过程中，讲话者可以把自己置于被阐述对象的位置上去，设身处地去体察人物的思想情感。这样，心理角色变了，切身感受有了，讲话者的真实感情也就自然投入进来了。在以叙述他人事迹为主的讲话中，这个技巧被广泛应用。一名职工在题为《正义与邪恶的较量》的讲话中如此说：

“面对英雄的鲜血，我陷入了沉思。假如我是司机或售票员，目睹歹徒持刀抢劫，我会做出什么反应呢？也许我会用手紧紧地捂住自己的钱包，颤抖着等待灾难的降临；也许我会出于求生的本能，不得已迎着歹徒带血的匕首，奋起一搏。但无论怎样，我可能不会像烈士那样，在自己受到威胁的情况下，为了全车乘客的安全而同歹徒进行殊死搏斗，这就是英雄受到人们崇敬和怀念的重要原因。任何一个怯懦者和苟活者直面勇士的壮举，难道不感到愧疚和不安吗？”

在这段话当中，讲话者转变了叙述角度。在叙述一辆长途客车的司机和售票员为了保护乘客的安全，而被持刀抢劫的五个蒙面歹徒残酷杀害的事迹之后，通过假设，把自己置换到死者的角色定位上，进行心理解剖和审视，一下子触发了情感的投入。尤其是最后一句反问，既是对懦夫的谴责，也是对自己的忏悔，产生了强烈的情感震撼力。

想要在当众讲话中取得不俗的效果，引起听众的共鸣和感情投入，角色置换的方法非常有效。为了鼓动听众参与到讲话内容中来，讲话者还可以设置角色，让听众当演员。讲话是有演有讲的一种活动，如果能够运用戏剧舞台的表演技巧，把听众吸引到演说词的情境中去，让他们扮演其中的某个角色，或者干脆指定一两个听众临时当帮手，这对激发听众的注意力和兴趣是一个上乘之法。

曾有一名演说者，想要向听众说明从踩刹车到车子完全停止之间的行车距离。这个问题仅靠讲话者的讲解，往往是极其抽象枯燥的。所以，这位演说者就请了一位听众站起来，协助他说明车距与车速的关系。被指定的听众拿着卷尺站在台上，按着讲话者的解释前进或后退。看到这个情况，相信讲话者所要表达的论点一定已深入人心。那卷尺上展示出来的不同的距离，不仅具体表现了讲话者的观点，同时也成为了与听众沟通的桥梁。

为了让听众扮演讲话内容的一个角色，最常用的方法之一就是策划一场角色扮演的活动，让听众变成表演者、讲话者，而讲话者回到观众、听众的位置。这种角色置换的方法，不但让听众积极参与到你讲话的内容中来，还大大地增加了讲话的趣味性。

那么，如何策划一场简单的角色扮演活动呢？

1. 设计好主题及场景

角色扮演活动只有设计好适合听众扮演的主题，才有可能达到理想的效果。所选主题要尽量让听众有话可说，有事可做，给听众的任务既不能太难，也不能太容易，要稍稍超出听众的能力，使听众有一种挑战的感觉，这样有利于培养听众的兴趣和激发听众的热情。这要求讲话者有精湛的设计能力，否则在设计上可能会出现简单化、表面化、虚假化等现象，从而对讲话效果造成直接的影响，使听众得不到真正的参与感。同样，在设计场景时要合理，设计的场景与讲话的内容要相符，否则会使听众摸不着头脑。

2. 要选定听众

参与活动听众的性格、人数、是否具有表演才能等对活动的效果有较大的影响。有时听众由于自身的特点，不乐于接受扮演的角色，而又没有明确的拒绝，其结果是在扮演中不能够充分地表现自己。而另一种情况是，听众的参与意识不强，扮演角色时漫不经心。这些都会影响到讲说的效果。因此，挑选什么类型的听众、挑选多少听众、安排他们扮演哪些角色，都需要讲话者认真加以考虑。可提前几天布置题目，让听众事先做好充分的准备，以便提高活动的质量。

3. 要准备道具

角色扮演法是在一种模拟场景中进行的，模拟场景要尽可能逼真。场景中的设备必须与现实的情景相似，使演示过程具有真实性，从而提高听众对演示的兴趣，激发听众的表演欲望。所以，讲话者应该主动根据情景所需的设备在课前做好充分的准备，尽量让演示的现场具有真实性、可靠性。另外，还要准备评价表。评价表是根据听众演示的内容制定出来的，能够让未演示的听众专注于情景模拟的角色，使听众有任务在身，做到仔细观察，用心思考、评价。

4. 要做好评价

讲话者在听众角色扮演活动中要根据他们的表现及时调整策略，恰当地对他们的活动做出反馈和评价。讲话者的反馈和评价是促进听众提高语言表达能力的动力，他们在讲话者适当的鼓励下会对自己充满信心。同时，讲话者在现场中要注意听众的心理因素。在公众场合，许多听众由于担心犯错误，会采取一种不积极的“低姿态”，而角色扮演法需要听众的积极参与。因此，在现场营造一种和谐、积极、平等的气氛十分重要。

创设情境，让听众身临其境

当众讲话不仅是一项讲话的艺术，也是一项表演的艺术，它需要讲话者综合各种素质，将讲话内容生动传神地展示给听众。懂得在当众讲话的过程中创设情境的讲话者，往往能取得不俗的讲话效果。其实，当众讲话往往是在特定的情境下进行的，讲话者要与听众互相感染，感情互通，对周围的情境感同身受，才容易引起听众的共鸣。

虽然“情境”本身是相对静止的，但作为一个优秀的讲话者，总能巧借情境、活用情境，让“情境”为自己的讲话内容服务。聪明的讲话者不但懂得利用“天时地利人和”的自然情境，还能人为地创设自己想要的情境，让自己的话语溢彩生光，将听众带到自己营造的氛围中来。

那么，在当众讲话的过程中，我们该如何创设情境，让听众对讲话内容身临其境?

1. 巧借时令，暗示意义

当代文学家郭沫若善于利用时令暗示社会意义。1978 年春天，郭沫若在北京主持全国科学大会。他开篇就这样说：“春分刚刚过去，清明即将到来。‘日出江花红胜火，春来江水绿如蓝。’这是革命的春天，这是人民的春天，这是科学的春天！”这就是郭沫若巧借时令，暗示社会意义的例子。

我们在当众讲话的过程中，可以学习一下郭老。一位领导在新春晚宴致辞的时候这样说：“在这辞旧迎新的时刻，我的心情是喜悦的，漫长的冬季已经过去，我们将迎来充满希望的春天。在此，我代表公司，感谢在座各位员工的辛勤付出，感谢大家在公司最困难的时候不离不弃，共渡难关，携手并进，走过寒冷的冬季。如今，公司的业绩蒸蒸日上，终于迎来了属于我们的万紫千红的春天！在这个美丽的季节里，我们的前程是灿烂的！在这个冰雪消融的夜晚，让我们尽情欢歌吧！”

这个例子中的领导，也是一个善于利用时令情境暗示意义的讲话者。他把公司遇到难关时比喻成“漫长的冬季”，把克服难关后比喻成“万紫千红”的春天，说得非常巧妙，让听众感动的同时，印象深刻，深切体会到“春天”带来的希望。

2. 用地理环境，寄寓深意

一位演讲者曾到一个海滨城市去进行演讲，演讲的地点开设在海边的一家酒店，推开窗就能看到大海。演讲者登台时看了一眼窗外的海景，深有感触，他一开场就这样说道：“各位听众都是我的忠实粉丝，虽然这是我们第一次在现实中见面，但我们之间的情谊已经像窗外这片海水那么深了。因为我们不止一次在书中、在电视节目中、在网络上进行互动……”

这位演讲者用海水来比喻他与听众之间的情谊，实际上运用海滨城市特殊的地理环境来表达内心的感受，使听众感到亲切自然，感受到他内心的真诚，深深地被他的话感染。

3. 借助天象气候象征意义

“朋友们，你们看，月亮升起来了，黑暗过去了，光明在望了，但是乌云还等在旁边，随时会把月亮盖住……”这是闻一多先生在一场演讲中上所说的话，他利用周边的天象现象，借景抒情。在这里，闻一多先生借助月亮穿破乌云的现象，表达为了光明的未来，必须努力奋斗，突破黑暗境遇的意义。

在纪念鲁迅诞生一百周年的学术会议上，主讲学者发表了讲话。当时天气很冷，礼堂里寒风萧瑟，听众们深受天气影响，不能专心听讲。讲话者灵机一动，设计了这样的开场白：“鲁迅先生生前曾经召唤，‘愿中国青年都摆脱冷气，只是向上走……’今天，我们先要摆脱会场上的冷气，才无愧于鲁迅先生的殷切期望……”话刚出口，便赢得了热烈的掌声。在这个例子中，讲话者就是善于利用气候环境来说明中国青年要克服困难、积极向上的道理。他的话很快就得到了大家的认同，由此可见，创设情境的讲话方式要比长篇大论讲道理的效果好得多。

4. 以“物”做道具，点明主旨

一位讲话者在一场主题为“让爱情焕发出美的光彩”的讲话中，讲到谈恋爱只注重容貌的坏处时，发现四周放置着几盆塑料花，他便指着塑料花说道：“青年朋友们，你们瞧，那几盆花好不好看？好看。美不美？美。可是，你们也许没有注意到，那是一些塑料花。它们有五颜六色的漂亮外表，却没有内在的生命活力。在光、热、空气、外力的作用下，这种高分子化合物就会老化，甚至脆裂。有的青年交朋友，只注重对方漂亮的外貌，不管思想品质的高低、不顾文化素质的优劣，这不和喜欢塑料花一样吗？年轻的朋友，放下手中只能用作装饰的塑料花，在爱情的沃土中寻觅和采摘焕发青春色彩、永葆生命芬芳的花朵吧！美，在向你们微笑！”

在这个例子中，讲话者善于利用身边的“物”作为自己的讲话道具，用塑料花比喻只看外表的爱情没有生命力，说得生动形象，别开生面。我们在当众讲话的过程中，不妨多学习一下这位讲话者“物为我用”的机智。当然,除了善于利用身边存在的“物”以外，我们还可以自带物品，用来解释说明某个道理或某件事与物之间的联系等。

5. 以“人”为喻，生动表意

郭沫若在一次写作座谈会上讲话时，看到台下坐着女同志，便巧妙地说：“如果是老实地用最恰当的字眼把你所看到的、想到的写出来，就比较容易准确；一加不恰当的修饰，反而不准确了。现在一般的毛病是爱修饰，修饰恰当当然是好，修饰得不好可就糟了。比如，女同志打扮得好的就更漂亮，打扮得不好就糟了。”

在这个例子中，郭沫若先生用女同志的打扮来比喻写作中的用词修饰，可谓巧妙生动、有趣传神，令听众开心接受，并容易理解他的讲话内容。

激发讨论，炒热讲话的气氛

当众讲话最需要的是热烈的气氛，如果听众掌声不断、笑声不断，就会感染讲话者的激情，使讲话者越说越精彩。那么，如何炒热讲话的气氛呢？首先，讲话者要保持热情的状态，在整个讲话过程中，应该情绪高昂、激情满满。现场的听众需要通过你讲话来调节他们的情绪，虽然那种热烈的气氛是相互影响的，但是你应该明白你一直占据主动的位置，所以要尽可能富有激情地讲话。

其次，要通过一些方法让自己的讲话变得热烈起来，以致能轻松地打动听众。你可以试着每隔几分钟就在讲话中插入一个小故事、提一个问题或者联合使用一些别的方式，便能吸引听众积极参与，并始终将现场的热烈气氛维持在相当的高度。比较有效的一个方法是，抛出话题，激发听众的热烈讨论。

俗话说得好："只要诱饵合适，最难上钩的鱼也会上钩。"讲话者可以事先抛出一个让人困惑或让人热议的话题，引发大家思考，当大家在争论中相持不下时，这时讲话者可以引出更多话题，讲话的气氛瞬间就会被炒热。讲话过程中，讲话者要设法激发听众去积极参与，而不是成为被动接受的角色。合适的话，可以请他们举手，请他们举例，请他们回答问题等。

比如，这样提问：在座的各位有多少人今天吃了早饭？啊，我看到你们大约有一半人举起了手。这位朋友，你吃了什么？猪肉加鸡蛋。那边，你吃了什么？咖啡和面包圈。我听到还有果汁、烤肉、奶昔、奶酪和酸奶。有没有人考虑过这个问题——不吃早饭就来听演讲的人占多大比例？

如果你不希望放弃自己的主导地位，或者出于其他原因，让听众开放式参与不切实际，你仍然可以让听众保持在思想上积极参与。提出反问，请听众在脑海中设想你举的例子，观察他们的非语言反馈并做出答复。

比如，我有一位同事，他总是在不合适的时间和地点来拜访我。你们有没有一些熟人属于这一类？有几位在点头。这种感觉是不是令人非常不快？我们可以从错误中学到东西。想一想你上次犯了什么错。稍微花点时间回想一次严重的错误。还记得吗？好。现在回想一下自己当时的心情。

具体来说，要激发听众的积极讨论，需要遵循以下几个原则。

1. 给听众独立思考的时间

在当众讲话过程中，很多讲话者意识到交流讨论的重要性，也都很想发挥交流讨论的作用。但是，在实际操作过程中，很多讲话者给听众的思考时间只有象征性的几秒钟，就匆匆忙忙要求听众来说，结果由于其思考的时间不够，大多数听众说不出自己的独特见解，只好当陪客，或者听众会偏离主题进行漫无边际的闲谈，抛开重要话题，仅进行浅层次的交流。

交流是建立在独立思考基础上的，你需要给听众一定程度的自由思考时间和空间，自由往往能激发听众参与交流的兴趣，让听众充分利用这份自由，根据自己的实际情况思考问题或向讲话者提出问题。创设多种方式让听众充分展示思维过程，可以让听众自己先试着说一说，也可以让身旁的听众进行交流，或者在学习小组小范围内交流，最后听众就会有足够的信心发表自己的观点。

同时，通过交流也能促进听众再次独立思考。因为在展示中，听众对自身有一个自我认识、自我评价和自我调控的过程；在交流中，听众对讲话内容有一个回顾与反思的过程；在交流讨论中，不同观点的冲突与认同会加深听众对讲话内容的理解。

2. 倾听是激发讨论的基础

只有倾听，才能交流讨论。因此，讲话者要培养听众静心倾听别人发言的意向和行为。

其一，在公众场合，讲话者和听众间的关系只有建立在相互尊重、相互平等的基础上，听众才愿意听。由此，讲话者的语言要注意亲切、清楚，语态要随和、自然，面带微笑，消除与听众之间的距离感，让听众在平等、和谐的氛围中静静地倾听。

其二，让听众掌握一些倾听的技巧，要求听的时候抓住以下几个要点：一听表达的大致过程，从总体上把握别人发言的要点；二听别人解答问题的思维策略、采用的思考方法；三听别人的观点与自己的想法有哪些不同，分析出它们正确与错误、合理与不合理的地方，以便进行修正和补充。讲话者可通过"谁听懂他的意思了""能解释一下吗""谁听清楚了他的方法""能再说一说吗"等引导听众认真倾听，培养听众倾听的良好习惯。

3. 相互理解使交流深入

良好的讨论气氛要求听众与讲话者相互接纳、悦纳，强调成员之间的相互理解。在传统的讲话场合中，听众只是面向讲话者、独立地与讲话者交流，而不去思考同伴的想法。对每一个听众而言，交流的集合里只有一个听众、一个讲话者两个元素，相互理解的对象甚少。然而，有效的交流应该是多向交流。

每个听众都有各自的思维个性，遇到同一个问题，可能会有不同层面的困惑，也常常会有不同的解决策略。成员间的相互倾听、积极理解、悦纳对方，对于形成关系良好、思路开阔、互营互养的共同体具有重要意义。

因此，有效交流不仅要求交流的相互性，还要求每个听众能够站在他人的角度，努力理解他人的想法，并把诸多思想联系起来进行对比，或主动反思质疑，要求听众听他人回答问题时，不一定要赞同，但起码要做到理解，弄清他人为什么会有这样的想法。

即使持有不同的意见和观点，也不要随便给予否定，要以“我认为”“我想补充说明”的方式参与交流。这样，听众既学会了倾听，又保持了理解的心态，交流效果就会好一些。当众讲话场合的有效交流是听众与讲话者知识共享、情感交流、心灵沟通的过程。这种过程是在独立思考、静心倾听、平等对话、相互理解、真诚沟通中展开的。

第十章

灵活应对，
巧妙跳脱当众讲话的“雷区”

主动要求掌声，巧妙避免冷场

当众讲话，最尴尬的事情莫过于冷场。如何避免冷场呢？比较有效的一个方法便是主动要求掌声，掌声可以让现场气氛迅速活跃起来。如果在当众讲话过程中，掌声不断响起，那这场讲话无疑是成功的。但凡登台讲话的人，谁不希望得到鲜花与掌声的支持呢？

掌声，是非常具有震撼力的肢体语言，是讲话者与听众之间无声的交流，是心与心之间的连接，是爱与爱之间的传递，它对于讲话者而言，是意义重大的。掌声的作用很多，它可以缓解讲话者的紧张情绪。当我们刚刚上台的时候，通常会存在紧张心理，如果这时候得到掌声的鼓励，讲话者的思路就会变得清晰许多，进而也不会紧张到说不出话来，导致冷场。

掌声还可以化解尴尬。讲话者说错话时，不妨主动要求一个掌声，这样就可以圆场，也能让大家迅速忘记出错的尴尬。可以说，掌声是讲话者能够精彩发挥讲话水平的动力。听众的掌声不仅可以表示对讲话者说得好时的肯定、欣赏、拥护和崇拜，也可以表示对讲话者表现差时的一种鼓励和支持，让讲话者增加勇气。生活中要时刻给予别人掌声。

掌声还具有调节注意力的作用。当讲话者或听众注意力分散，或者高度紧张的时候，如果掌声响起，则具有缓解精神疲劳的作用。一阵短暂的掌声，就可以让大家把注意力集中到讲话内容上来，形成良性循环。

不过，掌声的运用也是有原则的，掌声的频率要视现场的实际情况而定。讲话者不可太过牵强地制造掌声，如果单单是为了得到掌声而要求听众鼓掌，听众会觉得莫名其妙。所以，我们需要找个正当的理由要求听众的掌声。另外，掌声太过于频繁也不是很适当，如果在一场当众讲话中，大部分时间都是鼓掌，那就太夸张了。

我们要合理地掌握好观众鼓掌时间的长短和节奏，适当的时候，停顿一下。说到伤心的事情，不要要求掌声。在讲话最精彩、最高潮的时候，稍微停顿一下，让听众们鼓掌。在气氛较差、引出下文、请出嘉宾，或观众要求掌声、化解尴尬、感谢和赞美他人等这种适当的时候，就可以大胆地请求大家鼓掌。

具体说来，我们应该怎样做，才能得到听众的掌声呢？其实，要想在讲话中赢得观众的掌声，就要做到讲话内容精彩、引人入胜。除此之外，还需要有一定的技巧。下面这些方法，可以帮助你赢得听众的掌声。

1. 真情实感

当众讲话，绝不能缺少真情实感，否则说出来的话就令人生厌，不能让你赢得掌声。真情实感的当众讲话，要求讲话者在讲话内容层面必须是真实的感情和态度，不能弄虚作假，要忠于内心的情感表达，才能赢得掌声。

充满真情实感的讲话包括两个方面：一方面是语言形式上不

要矫揉造作、浮而不实，而要真实自然；另一方面是敢于流露内心的情感和性情，不要遮遮掩掩或刻意包装。从形式上来说，真情实感就是讲话者能保持自己的特色，不要今天模仿一个人，明天又模仿另一个人，那样给人的感觉是非常虚假的。

在当众讲话过程中，敢于流露内心的情感也是很重要的一个方面，这是敢于说真话、敢于率真地流露情感的表现，这要求讲话者不能在真情里掺杂虚假和伪装，面对听众时要有一颗赤子之心。在人们习惯封闭自己感情世界的今天，流露真情实感的话语是倍显珍贵的，因此也最容易获得听众的掌声。

2. 见解独到

在当众讲话中，如果发表一些独到的见解，说出听众心里想说而没说出的话，就容易得到听众的认同，让他们发自内心地为你鼓掌。相反，如果在当众讲话过程中，总是说一些“正确的废话”，看似没有任何错误，讲得很有道理，对人们的工作、生活、学习却没有任何指导作用，这样的话说得再多，也没有人会爱听，更不用说得到听众的掌声了。

所以，要做一个优秀的讲话者，在平时就应该培养看待事物的独特眼光，提炼出与众不同的观点。当然，如果自己没有那么多独到的见解，也可以收集一些具有哲理性的名言警句为自己所用。善用名人名言的讲话者也能说出令人叹服的惊人之语，这时听众一定会为你鼓掌叫好。

3. 幽默诙谐

一个优秀的讲话者应该具有幽默感，因为幽默感可以为你的话语增加趣味，让听众听起来身心放松、愉悦，因此容易得到掌声。讲话幽默有两个方面的表现，一是语言诙谐幽默，二是肢体语言的滑稽有趣。

语言上的幽默是指讲话者能敏捷地捕捉到讲话的素材，联系到事物的本质，然后用机智的语言发表出自己对某种现象、事物的有趣看法。其实，说白了，幽默的语言就是在讲话时将两种本来毫不相干的事物联系起来，给人创造一种惊奇有趣的感觉。幽默的语言经常能让大家在捧腹之余，报以热烈的掌声。

除了语言上的幽默，讲话者还可以运用肢体语言进行滑稽有趣的表演，这样会让你在当众讲话的过程中，将讲话内容表现得更加生动形象，从而赢得听众的掌声。

4. 语言优美

优美的语言也是赢得听众掌声的一个重要技巧，语言作为讲话者思想的“外衣”，要讲究美的艺术。怎样讲话才能使语言变得优美？这需要讲话者收集新颖的讲话素材，设置精巧的讲话构思，确立独特的讲话立意，然后以流畅悦耳的声音表达出来。生动优美的语言总是能撩动听众的心弦，就像优美的琴声一般，能够激起听众的情感共鸣，从而赢得他们的掌声。

有一种办法可以增加语言的优美性，那就是把生动流畅的古今诗词或名人名言引用到自己的讲话当中，这样能为自己的语言增加艺术魅力。在平时积累素材的过程中，遇到优美的词句、文段，不妨把它们背诵下来，然后在当众讲话中运用自如，定会赢得更多的掌声。

5. 巧用句式

除了以上四种方法，我们还应该学会一些主动“要掌声”的句式，将它们分门别类地排列好，记在脑海当中，讲话的时候随时调用，就不怕要不到掌声了。在当众讲话中，要赢得掌声，可在话语中以明示或暗示的方式，提议、请求听众给予掌声。下面我们总结一下，“要掌声”句式都有哪些类型。

一是“下文很重要”式要掌声。

例如：掌声鼓励一下！下面的内容更精彩！

例如：接下来分享当众讲话的七大技巧，要不要掌声鼓励一下！

例如：大家想听吗？掌声鼓励一下，我就往下说！

二是“发表感谢”式要掌声。

例如：感谢现场嘉宾！感谢主办方！感谢听到我讲话的所有听众们！我在这里对你们表示诚挚的感谢！

例如：感谢我的老师！感谢我的父母！没有他们，我不会有今天的成绩！

例如：请大家把掌声送给你周围的人，感谢他们陪你度过一个愉快的夜晚！

三是“赞美”式要掌声。

例如：这个问题回答得非常好！掌声鼓励一下！

例如：我听说这里的听众素质非常高，我从热烈的掌声中听出来了！

四是“即兴”式要掌声。

例如：不追怀昨天，不忧虑明天，让我们享受今天，把握今天，为今天鼓掌吧！

例如：掌声再热烈一些吧！让我感受一下你们现在的状态！

例如：天气这么冷，请用你们热烈的掌声带来温暖吧！

用幽默化解自己的言语失误

当众讲话前，就算一切准备工作都已做好，当讲话正式展开时，也可能会出现一些特殊状况，这就要求讲话者具备临场应变的能力。当我们说错话时该怎么办呢？其实，在公众场合说错话的情况时有发生，如果你停止讲话立刻去纠正错误，效果是很不好的。因为，这样做可能会令听众非常扫兴，还打乱了讲话者自己的思绪，不利于整个讲话过程的顺利进行。

当我们说错话时，正确的做法是什么呢？一般而言，如果说错的话对整体内容影响不大，讲话者可以不必理会。如果说错的话严重影响到整场的讲话内容，甚至改变了原来的主题和主旨，讲话者就要对这件事重视起来。这时，应采用巧妙的方法，以正确的说法把刚才说错的话再说一遍，不过，要加重语气、减缓语速，可以紧随刚才的错话之后再增添一句设问句，以自问自答的形式自圆其说。

比如，有一位讲话者在讲“我最尊敬的一个人”时，本来想讲他的父亲“身残志坚”，但由于过度紧张说成了“身残志不坚”。

话一出口他便立刻意识到说错了，于是他补充道："同学们，我的父亲真的是身残志不坚吗？不，他像众多的残疾朋友一样，闯出了一条属于他自己的身残志坚的成功之路。"

这种用设问句来纠正的方法不失为一种好方法。

再如，你在讲话的过程中说错了一句话，可以马上对听众提出一个反问，说："难道我这样讲是正确的吗？"

当众讲话中，说错话往往是难以避免的，出现口误、失误并不可怕，只要应对得当，用精妙的话语化解，就可以化尴尬为轻松，甚至能为自己的讲话增色加分。在你出丑的刹那，心急不如嘴巧。

不管是演出还是讲话，在人前出丑是每个人都不愿经历的。其实，出丑时可以通过这样的话来补救："我说错话了，但从大家的笑声中，我可以看到，没有人认同那样的观点！"讲话出现口误时，讲话者可以借助台下听众的反应，通过反问"我刚才说的对吗"等方式来纠正自己。这样不但不会冷场，反而能调动现场气氛。

当众讲话出丑时，一定要镇定自若，切莫因为控制不了当时的尴尬情绪而气急败丧。挽救尴尬，掌握三招即可。首先，当众出丑时，最重要的是调整心态。你可以把脸侧向观众深呼吸，来缓解紧张的心情和压力。其次，要善于把握现场基调，用自己最擅长的方式或特长华丽转身。最后，也是最有效的，就是巧开金口。一旦当众出丑，我们与其惊慌失措，倒不如动一动口，在巧妙化解尴尬的同时，将自己最机智、最有魅力的一面展现在众人的眼前。

海南省狮子楼京剧团举行建团庆典的时候，特别邀请了著名主持人袁鸣。当时袁鸣刚随《东西南北中》节目组来海口，对新建的京剧团应该说是一无所知。在介绍嘉宾时，袁鸣说："光临庆典的有中共海南省委宣传部长刘学斌先生，海南师范学院党委书记南新燕小姐……"袁鸣话音未落，一位头发花白的先生从座席上慢腾腾地站了起来，原来南新燕是个老头儿。见此情形，观众哄堂大笑。

袁鸣知道自己错了，连忙向观众道歉，并说道："对不起，我望文生义了，不过，南先生的名字实在是太有诗意了。我一见这三个字，立即想到了两句古诗，'旧时王谢堂前燕，飞入寻常百姓家'，这是一幅多么美的画面。今天这里出现了类似的情景，京剧一度是流行在北方的戏曲，而现在京剧从北到南，跨过琼州海峡，飞到了海南，而且安家落户，这又是一幅多么美妙的画面啊。"话音刚落，观众就爆发出热烈的掌声。

把一位头发花白的老头儿说成是小姐，袁鸣闹了个大笑话。可袁鸣真诚道歉后，立马引申开来，由"南新燕"联想到古诗，又引申京剧在南方扎根的美好场景，然后将话题又引到了庆典的主题上来。演说出现口误时，我们不妨借题发挥，通过引申，巧妙地将话题再引到演说的主题上来。

我们常常发现人们在即兴演说时，脱口而出的错误听来让人忍俊不禁。但谁都无法保证自己完美无缺，只要我们保持亡羊补牢的心态，这些小毛病就会越来越少。失误后，能够将失误引申到正面的、积极的意义上来，是难能可贵的。

下面，介绍几种补救失误的方法。

1. 从容认错，亡羊补牢

一般说来，没有人会对一个主动承认错误的人大下黑手。在当众讲话出现失误、口误时，坦诚认错比强词夺理更容易化解尴尬。

2. 将错就错，灵活处理

要想在演说中不说错一句话是相当困难的。如果说错了，也不要支支吾吾、抓耳挠腮，将错就错，灵活地化腐朽为神奇。

3. 移花接木，转移战场

这就要求我们能充分利用自己的失误或错误，进而借题发挥，抛出新理念。

4. 运用幽默，缓和气氛

当众讲话出现口误，只要不是特别严重，没有人会真的揪着你不放，你需要做的是用幽默的话语，带动现场的气氛。如果你因为口误而僵在那里，那么整场讲话的气氛必然会很尴尬，当众讲话也很难成功。

面对突发意外，学会自圆其说

在当众讲话的过程中，偶尔会出现一些突发性的情况。这种情况有时是因为客观条件的变化造成的，有时是因为讲话者自身失误造成的。遇到特殊状况，讲话者应该随机应变，灵活自如地应对。

在当众讲话时，最令人尴尬的事莫过于在众目睽睽下摔跤。遇到这种突发状况，我们要学会顺水推舟，借题发挥，自圆其说。

曾有一位讲话者走上讲台时不慎被话筒线绊倒了。当时台下听众发出一片唏嘘声和倒掌声，气氛降到了冰点。但是，这位讲话者爬起来后，不慌不忙地走到话筒前，微笑着对听众说："同志们，我确实为大家的热情倾倒了，谢谢！"顿时，全场响起了热烈的掌声，大家都为他这绝妙的应变和开场白喝彩。

获得 1952 年奥斯卡最佳女主角奖的雪莉·布丝莱上台领奖时，由于跑得太急，上台阶时绊了一下，差点摔倒。她在致辞时说道："我经历了漫长的艰苦跋涉，才到达这事业的高峰。"这句应变的开场白简直妙不可言。她将上台领奖遇到的挫折与拍电影历经的艰辛巧妙地结合在一起，既揭示了达到事业高峰的真谛，同时又化解了摔跤的尴尬，可谓一举两得。

美国五星上将艾森豪威尔在第一次世界大战期间，有一次在某军事基地视察，他发表讲话后走下台时，不慎跌倒，士兵们顿时大笑不止。

艾森豪威尔并未恼羞成怒，而是机敏友好地笑道："某些迹象表明，我这次到你们这里来视察是一次巨大的成功。"妙语一出，立即赢得了士兵的欢呼和掌声。

如果上台讲话时不小心跌倒，或听众发笑时才发现自己衣服的扣子扣错了，或拉链没拉好，或帽子戴歪了……遇到这种情形，讲话者多半会感到尴尬。笨拙的化解方法是，讲话者可以跟着听众一起笑，在笑声中恢复常态，对此听众一般是不会介意你的失误的。高明的化解方法当然是讲话者能够借题发挥，说几句巧妙的开场白。

应对意外的四大法则：第一，可以脸红，但是不能心慌。发生意外，瞬间的脸红虽然在所难免，但绝对不能心慌，那样既于事无补，又容易让别人觉得你懦弱。第二，不要轻易辩解。越早承认过失，也就越容易被人谅解。第三，勇于自我解嘲。既然尴尬的局面已经不可避免，就应拿出足够的勇气来面对现实，甚至直接向尴尬挑战。第四，随机应变。将尴尬时刻转化为自我宣传的机会，善于随机应变地处理意外情况，不仅可以不再那么难堪，而且可以抓住不可多得的自我表现的机会。

除了摔倒，在当众讲话过程中，还会发生其他的意外情况，我们应该如何应对和预防呢？

1. 讲话设备突然坏掉

如果在台上遭遇讲话设备坏掉，如麦克风、电脑坏掉的时候，我们首先应和观众打声招呼，说明情况，然后向技术人员求助。在一个能容纳一百人左右的中型讲话厅里，即使你不使用麦克风，观众也能听清你的讲话。当技术人员在修理设备的时候，你也能继续讲话，可以距离听众更近一点儿，和他们进行互动。

你可以询问听众希望学到什么知识，或者问他们有多少人在现在的职位上做了五年以上。这些问题都可以用来打发这段尴尬的时间。观众一般都会回应你的提问，而且你也能从中得到一些有用的信息。如果你的讲话时间很长，那么这时候正好可以让听众休息一下。当你在修理设备的时候，不要强迫观众看着你，最好是可以给他们喝一杯咖啡或者上洗手间的时间。

2. 迟到或讲话超时

当你意识到自己可能要迟到的时候，一定要打电话通知活动组织者。也许他还能调整你和其他讲话者的上台顺序，为你争取时间。你越早通知他们，他们就能有更多的选择，也就不会对你有很多的抱怨。当你到达讲话现场时，不论有多晚，你都要花时间来调整自己的状态。

如果你紧张又慌乱，那肯定无法正常发挥。首先用三十秒的时间来平静自己的心态，以保证在剩余的时间里能够更好地发挥。讲话结束前，主动留下来解答听众的提问。这是一个好习惯，同时也能减轻组织者对你的抱怨。

讲话超时，不要慌张。如果不能讲完所有的内容，那你完全可以把准备的材料放到一边，以听众为出发点。如果还有三部分没讲，而剩下的时间只够讲一个部分的内容，那你可以问一下听众，看他们希望听哪部分的内容。将幻灯片传到自己的网站上，这样大家就能看到所有的内容了。如果还有下次机会，那么把这次没讲的内容在下次讲完，并为观众解答问题。

与他人内容雷同时，及时转换话题

当众讲话中，有时会遇到与他人的讲话内容雷同的情况。这时，不妨暂停原来的讲话内容，灵活转换话题。

在某县为庆祝教师节而举办的青年教师讲话比赛上，在进行决赛时，一位参赛者意识到自己讲述的某位模范教师的事迹与前面一位讲话者列举的事例重复，因此引起了听众的议论。

他立即暂停了自己激奋的讲话，并利用听众瞬间注意自己的机会，迅速调整了讲话内容，紧接着讲道："老师们、同学们，如果你们对这位教育战线劳动模范的事迹太熟悉了，用不着我更多地叙说，那么我还要向大家介绍另一位在偏僻的小村落默默无闻地辛勤工作了二十八年、曾经冒着生命危险先后救起过五名落水学生的、普通民办教师的经历……"

这样一转，刚刚安静下来的听众稳定了情绪，随着讲话者继续讲下去的内容，会场重新出现了专注的气氛。

当众讲话过程中，遇到话题雷同的尴尬场面时，要做到审时度势，准确把握听众的心理，然后借助恰到好处的话语及时打圆场。如果某个较为严肃、敏感的问题使得自己与听众都很对立，甚至阻碍交谈正常顺利地进行时，我们可以暂时让它回避一下。通过转移话题，用一些轻松、愉快的话题来活跃气氛，转移双方的注意力，或者通过幽默的话语将严肃的话题淡化，使原来僵持的场面重新活跃起来，从而缓和尴尬的局面。

那么，在当众讲话过程中，遇到话题雷同时如何巧妙转移话题呢？常用的话题转移方法有以下几种。

1. 以旧换新法

这种方法是充分利用原来的话题，借助邻近的内容隐蔽地转移话题中心，由此及彼、以旧换新，达到自然转换话题的目的。

2. 补充说明法

表面上为雷同的内容作补充说明，实际上暗度陈仓、转换话题。用大家同样感兴趣，甚至更加感兴趣的话题去“诱惑”听众，在不经意间转换话题。

3. 周边关联法

周边关联法是借助周围相关的事物或非语言因素，巧妙地转换话题。在讲话过程中，若目前的话题与前面的讲话者所说的内容雷同，可以借助眼前的景色、物品、陈设、耳畔的声响，乃至嗅觉感受到的气味、触觉感受到的物状、身体感受到的气温等来转移话题。

由于借助的事物或非语言因素，往往与原来的话题没有联系或联系不大，所以采用“周边关联”的方法时，务必注意三点：要迅速吸引听众的注意，以淡化其对原话题的兴趣；要用语调、神情、手势辅助讲话，以隐蔽地转移话题为动机；要尽可能表达对对方的关心，以消除强行转换话题时可能产生的不快。

4. 另起炉灶法

这种方式简洁明快，直截了当地以一个新话题取代旧话题。上面的几种方式一般都要施放“烟幕”，让话题在听众并不察觉或不明显察觉的情况下悄悄地转换。而另起炉灶式不同，它往往用明白的语言刹住话题，迫使话题转换。

5. 让旧的话题自行消失

当你觉得这个话题已经没有什么新的发展的时候，就停止在这方面表达意见，让大家保持片刻的沉默，然后开始另一个话题。

6. 把旧话题打断

可以在谈话进行中很随便、不经意地插入其他的话题，把旧的话题打断，但不要让人觉得太突然，也不要在别人还有话要讲的时候打断它。应从旧的话题往前引申一步，转换到新话题上。

比如，大家在谈一部正在上映的好电影，等谈到差不多的时候，你可以说："这部电影卖座不坏，听说有一部新片就要开映了。"新片又将吸引大家的注意力，这几句话就把话题转变了，但是大家的思想与情绪还是连贯着的。所以，这是一个比较灵活妥善的办法。

被听众问倒时，应坦诚面对

在当众讲话的过程中，遇到听众的质问，被问倒时，该怎么办？听众中出现激烈的质问者并不常见，但当你遇到这种情况时，其余的听众和你一样，对质问者很反感，这时你就能利用这一优势。当你得到其他听众的支持时，事情就变得容易解决了。这些激烈的质问者要么是喝醉了，要么认为自己是在帮助讲话者，其根本原因是他们想表现自己。

如何预防这种情况发生？我们可以在讲话前就立下规矩，说明与听众互动的方式。如果你想在讲话结束后再接受提问，你就要告诉他们。如果你随时都能接受提问，你也要让听众知道。同时，你要对提问的话题设定范围。比如，告诉听众，你会把自己的邮箱地址给听众，如果有些问题他们不知道在讲话厅里说起是否合适，就能通过邮箱来联系你。

如果被质问这种情况发生，该如何应对？你要记住，你比质问者强大。当你拿着麦克风时，你的力量就更强大了。你可以打断他、说服他，但他不能阻止你。从某种角度来说，这并不是一场公平的较量。当质问者意识到这个问题时，他就会停止。你再告诉那些讲话的人，他们只能在讲话结束之后才能发表意见或者向你提问。

你的态度一定要有礼貌，这样一般都会奏效。这些行为表明，你不会受他们的干扰，而且会在场面失控之前解决问题。即使有人笑话你，你也不要和他争执，可以有礼貌地请他等你讲完后再说。如果你很自信，那你还可以讲个笑话或者说些谐语来让他闭嘴，但是一定要谨慎。如果你并不擅长讲笑话，那就不要冒这个险。

此外，你可以自嘲，和质问者说“很有意思，谢谢”，然后继续你的话题。这是对他的尊重，表示你已经听到了他的话，但接下来还是由你掌控局面。如果这些质问者明显走了极端，给其他人带来了干扰，那么你还可以向组织者求助。如果观众抱有很大的敌意，或者行为不当，那么组织者一定会采取行动。如果质问者拒绝遵守你的规定，那你可以请他离开，如果有需要，组织者也会来帮助你。

不是所有的问题都只有一个处理模式，要想将问题巧妙处理，就需要分辨问题的类型，灵活采取不同的应对方法。

1. 可以直接回答的问题

如果你已经理解了听众的问题，而且已经知道如何回答，那还等什么，直接回答就是了。

2. 无法直接回答的问题

回避问题会令听众失望，不懂装懂会引起听众的反感。那该如何应对？你可以直接承认自己缺乏这方面的知识；或者告诉听众现在无法作答，但之后一定会寻求这一问题的答案，并告知回答时间，承诺一定与提问者联系；或者请其他听众回答；或者将问题与听众讨论；或者虚晃一枪。

如果有的问题你不能回答，这也是很正常的。没有哪条法律规定讲话者必须知道有关这个主题的所有知识。如果你的讲话很吸引人，那么毫无疑问，你会遇到无法解答的问题。爱因斯坦也会有许多无法解答的问题。

即使是无所不知的讲话者，也会有遇到难题的时候，你要学会说："我不知道。"说这句话很容易，而且你说了也不会怎样。你记下这些问题，或者请提问人给你写封邮件，向他保证你会在自己的博客上标明答案或者向听众求助。也许你并不是唯一一个不知道答案的人。如果其他的观众也都不知道答案，那至少说明他们和你一样对此很不了解。如果有人知道答案，即使不是由你作答，那你也帮提问者找到了答案。

3. 问题已经讲过

如果听众的问题是你已经讲过的内容，你也没有必要责怪他开小差，任何人在学习过程中都不可能一直保持高度的注意力，我们不妨转换一个角度给予回答。

4. 一次提几个问题

可以适时打断提问者，建议他一次提问不要多于三个问题，或者建议他先提一个问题，待讲话者解决以后，再提另外一个问题。如果讲话者一次回答两个以上的问题，在回答每一个问题之前，必须再次重复一下这个问题，因为很有可能一些听众已经忘记提问者所提的问题了。

5. 问题与讲话内容无关

当问题与讲话内容无关，你应该采取整体提问的方式征询大家的意见，问大家是否有同样的问题。如果大部分听众的回答是“有”，那你必须作答，以便将听众引回正确的思路；如果个别听众有这样的疑问，你可声明会后再与提问者单独探讨：“您提的这个问题很好，但不是我们今天探讨的内容，为了不耽误大家的时间，我们会后再进行探讨，您认为如何呢？”

6. 重复地问

某位听众一直不停地提问，并不让其他听众插话。若现场出现这样的听众，我们应首先分析所提问题与讲话内容是否有关。如果有关，而且问得很在行，我们应给提问者肯定或鼓励，并适时地请其他听众就此问题发表意见，也就是采用传递式提问方式将问题交给其他听众。如果无关，请参考上一个对策。

听众蓄意挑衅时，机智应对

在当众讲话的过程中，我们有时会遇到听众的挑刺或者故意刁难，这时不可避免地会让我们陷入困境。在这样的情况下，我们该如何扭转乾坤，让那些故意刁难者知难而退呢？这需要一定的思维能力，帮助我们快速地想到扭转局势的办法。否则，如果你只是傻傻地在那里站着，那么只会让那些故意为难你的人更得意，同时也会让所有的听众在一旁看笑话。当然，这还需要一定的方法和技巧，才能巧妙地化解尴尬，为自己解围。

在讲话过程中，有时还会出现有人故意起哄、扰乱会场的情况。这时，讲话者应该沉着镇定、机智灵活，在不同的条件下，采取不同的方式予以回击。

一般来说，在公众场合，如果你遭受到听众的顶撞、攻击、讽刺挖苦，或者出言不逊时，不需要以牙还牙、针锋相对，否则会让局面发展到更加不可收拾的地步，而是需要将对方的讥讽之词当前提，作为铺垫、作为条件，顺势表达出自己内心的看法。

在多数情况下，你都能提前感知自己的观点是否会遇到部分或全部倾听者的反对。如果你对听众中公然反对意见而异常诧异，那可能是因为你在发言之前没有做好充分的准备。不过，我们还是先来看看听众怎样让你知晓他们是否对你的观点持反对态度。

当听众对你的演说不满意的时候，反对的方式有很多种。比如，用脚尖敲地面或者摇头，这样的非语言信号让人难以察觉；或者是公然插嘴和口头攻击；更明显一些的信号可能包括不停地玩弄纸张，让其发出一些声音……对于缺乏经验的你来说，听众的这些表现都会让你的思维列车“脱轨”，从而动摇你的信心。所以，能够预知听众的这些反应是至关重要的。

无论你讲述的话题或提出的观点是什么，都不要忘记别人的看法可能与你相反。因此，你要了解这些相反的意见，并想办法弄清楚它们是怎样形成的，要从各个方面深入地了解话题，如此你就能预知并自信地应对听众的异议。预知异议、应对怀疑，并进行有效的抗辩，这不仅会让你的批评者安静下来，而且会提高你在其他听众眼中的威信。

那么，在具体的讲话场合中，我们该如何利用思维能力来替自己解围呢？

1. 保持真诚的微笑面对每一个人

微笑能拉近你与听众的心理距离，也是展现自信的信号窗口。不要让别人的质疑和不信任使得自己焦头烂额，否则你真的会被别人说中。

2. 随机应变，因人制宜

遇到刁难和质疑，首先要分清情况。比如，你在当众讲话的过程中，遭遇善意的打岔或者驳斥，这是有利于提高你的当众讲话水准的，要把这些善意质疑的人当成贵人，必要时，还要不耻下问。而面对挖苦和讽刺自己的人，你要抓住其软肋，用智慧打败粗鲁。

3. 迂回战术

在回应对方的话语中，我们可以不作正面抗衡，而要在迂回的交谈中，顺着对方的话说下去，借力打力，从而实现自己的目的。若我们面对不怀好意的人的提问，不要与之针锋相对，也不要给予正面回答，而是巧妙采用迂回战术法，顺着对方的话继续说下去，将对方的讽刺挖苦作为自己所用的工具。顺势牵引，说出反驳的话语，致力于打击对方的嚣张气焰，让自己摆脱困境。

美国有位政界要人叫凯升，20 世纪 40 年代，他首次在众议院里发表讲话时，打扮得土里土气，因为他刚从西部乡间赶来。

一个善于挖苦讽刺的议员在他讲话时插嘴说："这个伊利诺伊州来的人，口袋里一定装满了麦子吧？"这句话引起哄堂大笑。

凯升并没有因此怯场，他很坦然地回答说："是的，我不仅口袋里装满了麦子，而且头发里还藏着许多菜籽儿呢。我们住在西部的人，多数是土里土气的。不过，我们虽然藏的是麦子和菜籽儿，却能够长出很好的苗来！"

这句话立刻让凯升的大名传遍全国，大家给了他一个外号"伊利诺伊州的菜籽儿议员"。这位"菜籽儿议员"采用的正是顺势牵引法。他深知顺势的道理，把对方的冷嘲热讽当作可以利用的交通工具，顺路搭车，一路顺风地抵达了自己的目的地。

4. 巧妙回击

听众中难免有恶意的刁难者，他们会在讲话的过程中故意提出一些歧视、轻视、敌视性的问题。对待这些刁难者，讲话者不能像对待善意的质疑者那样，而是应该不客气地给予回击。但是，这样的回击要讲究技巧性，不能直接回击，需要灵活采用顺水推舟的方法。比如，面对一些刁难者的恶意提问，如果你不顺水推舟把问题巧妙地回答了，他就有可能提出更尖锐的问题。

5. 避实就虚

有时候你不需要正面回答那些故意刁难者的问题，你可以避开要害问题，谈论一些无关紧要的话题，这样可以转移人们的注意力。

6. 欲扬先抑

有时候，听众会提出一些很刁钻的问题，可能你的回答恰好中了他的圈套。这时你不妨先承认他的观点，然后再巧妙地提出你的观点使他接受。

在能够预知麻烦的情况下，掌握上面这几种方法，能够更好地提高你的讲话能力。

面对听众的质疑，要争取他们的认同

在当众讲话的过程中，讲话者可能会遇到听众质疑自己发表的观点、信息等情况。如果部分听众不认同自己所说的话，甚至恶意抬杠，不但会破坏现场的讲话气氛和秩序，还会影响其他听众对讲话者的看法，甚至引起更多听众集体攻击讲话者。遇到这种棘手的情况，该如何处理呢？我们应该试图改变听众的想法，让他们认同我们所说的话。

在当众讲话的过程中，只有不断得到听众的认同，讲话者和听众才能在同一个频道对话。如果听众总是对讲话者分享的观点、知识、信息等持质疑态度，就无法建立彼此之间的信任，更无法引起对讲话者讲话内容的兴趣。听众可能会因此中途离场，就算勉强自己听下去，也会把你的话当成耳旁风。这样的当众讲话无疑是失败的，也没有办法取得预想的讲话效果。可见，让听众认同自己的讲话内容，是当众讲话取得成功的前提。

但是，每个人都有自己的观点和想法，这是很难统一的。因此，在任何一次当众讲话中，你都可能会面对三种听众：第一种认同你的观点，第二种反对你的观点，第三种摇摆不定。如果你希望自己的观点得到更多听众的认可，那么就需要采取一些方法。

每个人都不是全知全能的，因此听众也会有许多未知的领域，有探求新事物的冲动。如果一个人的大脑容量能装下 10 个观点，但现在只装了 3 个，剩下的容量你就可以把自己的观点植入其中。关键你说出来的观点是他们所需要的，能够吸引到他们的，他们就比较容易接受。反之，则不肯接受。

一般来说，容易让听众接受的观点、信息，必须是对他们有用的，或和他们息息相关的，并且你要用新颖、具有感染力、有权威的方式表达出来，才更受欢迎。同时，人们对新知识、新观念的接受程度还是比较强的。那么，我们应该怎样做，才能让听众更容易接受我们的讲话内容呢？

1. 纠正错误

对于那些脑子里有很多观念的听众，我们要想在他们头脑中植入不同的观念、信息，显然不容易。所以，你要做的第一步是要告诉他们，那些在他们脑海中根深蒂固的观点是错误的、守旧的，是时候抛弃了。只有清空一些他们的脑容量，你才能将自己的观点和信息植入他们的脑海中。

当然，使用这个方法的前提是你需要有足够的权威性，才可以说服听众改变他们固有的错误观点。在纠正错误的过程中一定要掌握分寸，不能把自己的观念强加于对方身上。因为，对于一些保守者来说，他们可能对那些错误的观念深信不疑，不是你三言两语就能改变的，这需要一个循环渐进的过程。切忌简单粗暴地否定听众的观点，批评他们，这样的效果很可能适得其反。你要站在肯于帮助他们的角度上，真诚地分析他们错误的原因，详细说明你为什么是正确的，这样听众才会心甘情愿地接受你的观点。

2. 灌输观念

灌输观念是一种长期性的行为，带有一定程度的强制性。比如，企业老板不断地向自己的员工灌输本公司的企业文化，在每次开员工大会时反复强调公司制定的规则、文化元素等。日积月累的结果是在很大程度上改变听众的观念，向听众传播更多知识。当然，灌输观念也是有技巧的，讲话者不能够总是对听众强行灌输你的观念，在灌输观念之前，应该先制定讲话策略，委婉地向听众传输自己的思想、知识。俗话说“谎言重复一千遍也成了真理”，这种说法虽然夸张了些，但可以体现出，灌输观念这种方法是可以改变听众想法的。

3. 利诱听众

利诱，即用利益诱导听众认同自己的观点。说白了，就是站在听众的立场分析利弊，让听众接受自己的观点并为之行动，这样听众将会得到一些好处。比如，鼓励对方每天写一篇文章，一年后，他的写作水平将显著提高。听众感觉听了你的话得到了利益和好处，自然愿意认同你的观点。

4. 感情共鸣

获得听众的感情共鸣，也是让听众认同自己的一种方式。这就要求讲话者能够说出感动听众的话，进入对方的内心世界，让他们敞开心扉，对你产生依赖和忠诚的情感，你就成功了。长篇大论的道理能够在短时间内说服人，却往往不太长久。感情却能够把人紧密、长久地联系在一起，让他们发自内心地认同你、支持你。

当众讲话，一定要避免这四个误区

当众讲话要取得成功并不是一件容易的事，需要讲话者认真对待。在当众讲话的过程中，不少讲话者顾此失彼，在某一方面做得十分周详，却难免会忽略另外一方面。因此，讲话者要确保讲话时能够万无一失、毫无疏漏，就必须在讲话前将经常犯的错误都检查一遍。一般说来，讲话者在当众讲话的过程中，经常陷入以下这几个方面的误区。现在，让我们对这些误区进行总结，并找出方法弥补已经犯下的这些错误。

1. 不明确讲话的目的

如果一名讲话者连讲话的目的是什么都不清楚，难免会在讲话的过程中东拉西扯、漏洞百出，让人尴尬，讲话的效果肯定也是不理想的。所以，讲话者讲话前一定要明确自己要向听众传达什么信息，然后根据自己的讲话目的来决定讲话内容和风格。

一般说来，当众讲话的目的通常有这几种：一是向听众说明或解释一件事情或事物；二是通过当众讲话，号召听众采取某种行动；三是通过当众讲话，增强听众对某个人或某个组织的印象，如某位有影响力人物的追悼会致辞；四是通过当众讲话，使听众感到心灵愉悦，或者给听众以精神上的鼓舞，如朗诵诗文等。

弄清楚自己的讲话目的后，才能做好此次讲话的主题、内容定位，以及讲话风格、节奏、时间等一系列的细节问题，这对一次成功的当众讲话而言是相当重要的。讲话者只有清楚地明确讲话目的，才懂得如何为此次讲话谋篇布局，吸引特定的听众。

2. 死记硬背讲话稿

不少讲话者认为，死记硬背讲话稿可以消除上台讲话时心理的紧张，将讲话稿背得滚瓜烂熟之后，就可以避免在当众讲话时大脑一片空白的尴尬窘境，所以他们会在登台讲话之前一字不漏地背诵讲话稿。其实，当众讲话是一种艺术性的展示，它需要讲话者灵活地将内心情感自然地表达出来，并和听众形成感情上的互动。如果死记硬背讲话稿，登台讲话时照本宣科地说出自己背熟的讲话稿，会表现得非常枯燥，使得整场讲话的艺术效果大打折扣。

每个讲话者在面对台下众多的听众时，内心多少都会有一些紧张，如果逐字逐句地背诵发言稿，难免会出现疏漏的情况，引起尴尬。即便能一字不漏地背出发言稿，这样的讲话过程也是十分机械化的。因为发言稿写得再文采斐然，也难以表达你内心的情感，而当众讲话讲究内心情感的自然流露。就像我们跟朋友聊天的时候一样，真诚的讲话不需要打草稿，这样才能无拘无束，表现出自己真实的内心状态。

所以说，优秀的讲话者不会一字不漏地背诵自己的发言稿，只会在对讲话内容比较熟悉的基础上自由发挥。不再死记硬背讲话稿，可以让你的讲话表现得更生动、更具感染力。也许你会在讲话的过程中忘记一些内容，这时也无须着急，你可以随机应变，随时增加一些你想要说的内容穿插其中，这要比生硬机械地背诵发言稿具有感染力。

美国前总统林肯说："我讨厌平铺直叙、枯燥乏味的演讲。当有人在向我讲道理时，我希望他能表现得像蜜蜂采蜜似的。"其实，不只是林肯这样认为，大多数的听众都喜欢讲话者能够自由发挥，热情洋溢地发表讲话，而不是一字不漏地背诵毫无生气的发言稿。

3. 讲话杂乱无章

一些演讲者在演讲时喜欢堆砌论据，用大量的事例来证明观点，以为论据多了就能获得良好的效果。其实不然，收集论据虽然是演讲中不可缺少的一个环节，但关键还是在于对论点的分析，否则听众的注意力会集中到讲述的故事中，根本不会知道你列举的论据有什么作用。

因此，在演讲时，要尽量化繁为简，向听众传达的信息不能太过庞杂，否则就无法让听众抓到演讲重点。尤其是在向听众举证时，你也要尽量让信息简单明了，让听众明白所举证的案例与你的观点之间的关系。

4. 对听众不够重视

对听众不够重视，是当众讲话失败的原因之一。如果讲话者在台上表现得非常傲慢，不尊重听众，很可能引起听众的反感，甚至会被听众轰下台来。很多讲话者，虽然没有那么傲慢，但对听众还是不够重视，自然也不会得到听众的重视。如果你不顾及听众的接受程度，忽视了他们的存在，只顾按照自己的步骤讲话，那么听众是不会有太多热情的。因此，讲话者在当众讲话的过程中一定要注意这一点，要把自己融入听众当中，讲一些他们感兴趣的内容。

一个优秀的讲话者应该记住，无论何时何地都不可以忽视听众的感受，在台上自说自话，很难引起听众的感情共鸣。当你要阐述自己的观点时，应当融合一些与听众相关的话题、例子。并且，要采用听众熟悉的讲话方式，让听众感受到你对他们的尊重和重视，这样才能在当众讲话中取得成功。

第十一章

勤于实践，在各种讲话场合游刃有余

主持会议：随机应变，灵活驾驭会议

能够出色地主持会议是工作当中一项重要的能力，是许多职场人士的必修课程。主持者主持会议时，遵守会议规则是最基本的要求，但由于在会议进行过程中常会发生一些特殊的情况，这就需要主持者灵活地采用各种方法和技巧，调动各种相关资源，解决会议当中所遇到的问题。

会议主持者应当了解会议中经常出现的情况，做好大量的准备，以便情况发生变化时能够有效控制会场的场面。首先，要认识到，会议中常常会出现的问题有以下几个方面。那么，我们应该如何去解决呢？

第一个问题是沉默、冷场。主持者在主持会议的过程中，经常会遇到无人发言或某一部分人毫无反应的现象。对此，主持人应分清沉默的原因，分别采取相应的对策和措施。

1. 会场沉默时，可以进行启发或提问

如果与会人员是因为紧张、害羞、缺乏经验而保持沉默，主持人应该主动鼓励他们发言，也可以进行启发或提问，并告诉他们说错了也没有关系。当他们发言时，主持人应从表情上显示出对他们的发言很感兴趣，同时对他们发言中合理的方面及时给予肯定，打消其害羞沉默的状态，增强其发言的信心和勇气。

2. 会场沉默时，可以营造良好的气氛

如果与会人员有顾虑，怕言多必失而保持沉默，主持人就应努力创造一种民主、宽松的会议气氛，打消他们的思想顾虑，鼓励他们畅所欲言，敢于发表自己与众不同的观点，敢于讲真话、讲实话。

3. 会场沉默时，可以给予肯定和尊重

如果与会人员清高闭守、不肯多言而保持沉默，这类人往往阅历较深，处世比较严谨，有自己的见解。他们一方面想表现自己，另一方面又摆出一副清高不凡的架子。

对于这类人，主持人应该多给他们一些鼓励和尊重，让他们感觉到自己的意见很重要。比如“老张，您对这个问题很有研究，是这方面的专家，大家都想听听您的看法。”这样，老张受到鼓励和尊重，就很难再推托。

4. 会场沉默时，要重视每个人的发言

个别与会人员会持不同意见，抱有敌对情绪而保持沉默。这类人要么是对议题有不同意见不想说，要么是对主持人有意见不愿说。主持人应从团结的出发点出发，不计个人恩怨，以亲切的语气让他们改变态度，可以向他们主动发问，并对他们的发言持重视态度，让他们说出自己的真实看法。

5. 会场沉默时，运用幽默打开话题

如果是因为大家都不愿意第一个发言而保持沉默，主持人可以用幽默风趣的话语打开话题，也可以点名让性格外向、胆子较大或资历较深的人先带头发言，以此带动大家的发言积极性，打破沉默的局面。比如“老王，你大概早就考虑好了发言内容，大家都等着听你的高见，你带个头吧！”万事开头难，有人带了头，下面就会有人跟上。

会议中出现的第二个问题是离题。会议活动过程中，常会有一些发言者出现离题、跑题的现象。这时，会议主持者可以巧妙暗示，转入正题。主持者出于对发言者的尊重，不好当面直接打断他讲话，就应寻找机会做出巧妙的暗示，引其转入正题。

会议主持者可以就其发言中一句贴着议题边缘的话，顺势向着议题讨论的方向引导，使发言回到主题上来。可以通过插话去直接引导；也可以对一些与议题关系较密切的问题，表示放到以后再进行讨论，婉转地告诉发言人要转到中心议题上来；还可以对一些小事进行表决，快刀斩乱麻，摆脱此类琐事的干扰，使讨论转入正题。

会议即将结束时，主持者对会议的总结是相当重要的，主持人应用精练、概括的语言对会议的基本情况，以及会议的主要收获进行高度总结。会议总结既要简明扼要、全面准确，又要突出重点、实事求是，主要方法有以下三种。

1. 归纳法

归纳法是在会议结束时对会议进行高度总结、归纳，把会议的结果提纲挈领地概括出来，加深与会者的印象。比如“这次会议的主要收获是弄清了以下几个问题，一是……二是……现在，方向已经明确，路子已经找到，让我们今后在各自的岗位上大显身手吧！”

2. 启下法

对在本次会议中提出并未得到解决的问题，作为下次会议的铺垫。比如“今天大家提出了不少问题，其中 ×× 问题，提得很及时，也很深刻，只是限于时间，今天没有充分讨论。请大家会后广泛收集材料，深入思考，以便下次再议。”

3. 鼓动法

用鼓舞人心的话语做总结，并不做全面的总结，只是号召大家为某个目标而努力。比如，主持者最后说：“这次会议开得很成功，我希望大家以后继续努力，在年底，争取把我们这个大工程拿下。散会！”

精要的会议总结，既要符合会议的气氛，又要符合与会者的心理，而且可以再次鼓动与会者的情绪，提高会议讨论的质量。

开会发言：有条不紊，从容地发表意见

开会发言可谓一个展现自己的机会，学会在会议上以正确的方式表达自己的观点，可以提升你的专业形象。开会是许多人经常面对的工作场景，有人在朋友面前侃侃而谈，在会议上发言却直打哆嗦；有人私下谈论工作头头是道，开会时却讲得语无伦次；有人平时经常爆点小幽默，开会时却如临大敌、默不作声……开会发言如何才能更出彩呢？

首先，我们要知道发言步骤。

第一步，充分收集资料。发言前必须了解会议目的、参会人员情况、相关工作进展和数据资料，这样你才能做到心中有数、有备无患。如果资料内容比较多，可以精简并打印出来，带到会议室。一旦被提问，可以言之有物、言之有据。即使没被提问，你也可以主动为领导和同事提供数据、补充信息。

开会发言切忌准备不周。我们不管做什么事，都需要经过一个准备的阶段，开会发言也是如此。现在有些领导者不知是因为工作太忙，时间紧张，还是因为自己太懒，会前的准备工作总做不好，这无疑就是影响会议成功的因素。如果准备工作做得好，我们在以后的过程中就做得顺手，而且省时又省力，俗话说得好，“磨刀不误砍柴工”就是这个道理。

第二步，准备发言稿。如果你需要在会议上当众发言，就必须事先准备发言稿。草拟讲稿时，你要清楚发言的目的，是报告进度、说明事实，还是解决问题。发言内容要紧扣发言目的，并且简洁清晰、有条不紊。脚本要写成提纲式，抄在一张纸上，用来提醒自己。不要写成长篇大论拿在手上读，那样会产生依赖感，而且让大家觉得你准备不充分。

第三步，做好会议笔记。很多人认为，会议笔记只是在会后才看的。其实，会议笔记在开会的过程中就可以派上用场。有时候，领导会突然点名让人发言。有的人可能由于开会时没听清，或者会议内容太多记不住，只能三言两语草草回答。

如果你做了会议笔记，发言的素材就有了，你可以从中找到有用的信息来提出问题或者发表观点。再者，临场发言之前，你可以在笔记本上快速地写下几个关键词，或者画一个简单的思路图，让自己的观点表达得更完整、更清晰。

第四步，声情并茂地进行发言。发言时，你要时刻注意自己的神态举止，除保持微笑外，还要与提问者和听众保持稳定的目光接触，眼神不要游移不定。双手自然放松，不要两手紧握，控制好肢体语言，看起来就会自信十足。

此外，会议发言时应注意下列事项。

1. 发言要言之有物

言不及义的空话、套话都是大忌。冗长的会议除了是对与会者的一种精神消耗之外，更浪费了大家的宝贵时间。效率是衡量一个会议成功与否的重要指标之一。所以，笼统地来说，一切围绕“效率”二字的原则，如简明扼要、开门见山、主题清晰、言之有物等，都是对会议发言者最基本的要求。

如果你需要当众进行主题发言，或者作为消息源在某个以传递信息为目的的会议上讲话，那么你首先要做到的就是有备而来。具体来说，有准备表现在：在进入会场之前，弄清楚参加会议的都有谁；自己为什么来参加这个会；会议内容大致是什么；会议要解决什么问题。针对这些，你要提前查阅相关数据、材料、历史记录，并且事先思考一下会议中可能遇到的问题。

在会议上发言，尤其是占用大部分时间进行主题发言时，切忌套话、空话，要尽量做到提纲挈领，先讲主张，再说理由，按照一定的逻辑，把自己想说的内容列成条目，每个条目都能用几个词或者一句话概括重点。如果时间充裕，可以在相关条目下用事先准备好的数据、材料展开论述。

如果别人刚刚谈了对任务量考核方案的建议共四条，其中三条与你不谋而合。这时候，即便你针对这三条建议做了充分的发言准备，论点、论据也更为有力，但无论如何，也没必要展开来再重复一遍。否则，只能是浪费大家的时间，并且是对之前发言者的不尊重。

2. 发言要掌握时间

一定要按照严格的时间标准去发言。会议必须准时开始，如果有人迟到，会议等上几分钟，渐渐地，不准时就成了“合规矩”。会议上常有一些人，对细小的事一定要弄个水落石出，对影响重大深远的事却没有给予关心和注意。发言者一定要十分清醒，抓住全局性的、影响长远的议题，切不要让琐事干扰。

3. 发言要态度得体

应保持微笑，真诚的微笑是最好的非语言信号，是影响听众心理与情绪的主要因素。但切忌做作，也不可以把发言当作炫耀自己的机会，过度地表现自己。

动员讲话：简短有力，鼓动听众情绪

领导在工作当中经常需要进行动员讲话。比如，企业领导动员员工完成某项工作任务、干部动员群众参加某项活动等。动员讲话需要有鲜明的鼓动性，才能激发听众的热情，调动大家的积极性，促使工作任务、活动等各种任务得以贯彻实施，达到预期的目的。所以说，鼓动性是动员讲话最明显的特征。

为什么动员讲话要有强烈的鼓动性呢？因为动员讲话不仅是行动的“宣言书”，还是发动人们执行目标的“动员会”。动员讲话的目的远不止“广而告之”那么简单，它需要在感染听众的同时，引导听众“闻风而动”。在动员讲话中，讲话者需要借助语言的魔力来激发听众的共鸣，带动大家的激情，统一听众的思想，让大家共同去完成各种活动或工作任务。闻一多先生的动员讲话曾多次被誉为“使糊涂的人清醒过来，怯懦的人勇敢起来，疲倦的人振作起来，而反动派则战栗地倒下去”。可见，动员讲话，鼓动性的力量是无穷的。

美国总统林肯在葛底斯堡国家烈士公墓前进行了为时两分钟的动员讲话。在短短的两分钟里，林肯得到听众五次的鼓掌，可见林肯的动员讲话具有巨大的鼓动力。林肯的动员讲话曾被称为旧时代的葬歌，新时代的钟声。这些精彩的讲话将流传千秋万代，影响千百万人，这样的动员讲话，将被写进历史，成为经典之作。

普通人的动员讲话，带来的影响远远比不上名人，但也需要讲究鼓动性或感染力。我们应该谨记，最失败的动员讲话是听众没有反应，而不是引起大家的争论。因为没有反应的动员讲话毫无鼓动性和感染力可言，自然也不能达到激发大家为某一目标行动的目的。

那么，在动员讲话中，怎样做才能富有鼓动性呢？以下六个方面的技巧是需要注意的。

1. 简短有力

动员讲话最忌讳重复啰嗦、长篇大论。有的讲话者啰嗦了很长时间，还说不到点子上，让听众半天摸不到头绪，听得很不耐烦。为了能够在发言时做到简短有力，讲话者在讲话前可以列清条目，厘清自己的思路，说起话来才能不啰嗦、不重复、不累赘。在动员讲话中，可以列举具体鲜活的事例，但一定要注意，语言要精练，关键词要突出，最好是有响亮有力的口号。在讲话的结尾处，可以用鼓舞人心的话语做总结，对听众提出希望和要求，号召听众为实现某个目标或完成某项工作而努力。

2. 目的明确

动员讲话是一种宣传活动，讲话者在讲话前一定要目的明确。讲话者应该确立清楚的表达意见以及说服听众的目标，让自己的思想广为人知，深入人心。如果没有明确的目的性，则很难促使讲话者发挥自己的讲话水平。也就是说，没有表达意见的强烈动机，则很难说出精彩的话来，也就无从鼓动听众。如果你对这场讲话的态度是可有可无，随便讲讲，听众听了也会无动于衷，他们是不可能被你打动的。

3. 切实可行

讲话者在提出工作任务或其他要求时，一定是目标合理、具体可行的，不能含糊其词或好高骛远，提出一些根本实现不了的目标或根本无法执行的任务。当然，工作任务指标应该要求积极稳妥，既不能过于保守，又不能不切实际。对于未实施的工作评估，要衡量利弊，充分了解各方面的因素，做好应对措施。做到这些，大家才能从动员讲话中看到希望和信心，从而响应号召、积极行动。

4. 实事求是

讲话者在分析形势时要客观、实事求是。比如，讲成绩要做到有一讲一，有二讲二，不夸大其词；讲缺点时要做到毫不隐藏，有多少讲多少；分享经验要正确无误，绝不误导听众；说问题时要一针见血，不拖泥带水；分析优劣势时要真实可信，有依有据；表扬和批评时要把握分寸、恰如其分。只有做到这些，才能帮助大家认清现实、统一思想，使听众受到鼓舞，积极行动。

5. 切中要害

有些动员讲话是以解决实际问题为目的。这时，动员讲话必须切中要害，有的放矢。在动员讲话中，一定要积极解决大家所关心的问题，解决最主要的矛盾，讲最新的话题。不能总是重复别人的话题，纠结在不痛不痒的问题上，这样的动员讲话不会受人欢迎，起不到动员群众的作用。

6. 以理服人

动员讲话要做到有鼓动性，比较有效的一个技巧是以理服人，但不能以势压人。有的讲话者用高嗓门唬人，用大帽子压人，整个讲话过程显得盛气凌人，不但没有调动大家的积极性，反而引起人们的反感。正确的做法是，讲话者应该平等待人，用良好的态度摆事实、讲道理，用心把道理讲深讲透，才能使听众心服口服，产生共鸣，产生贯彻落实的热情和渴望，进而把讲话者的要求变成行动。

7. 以情动人

因为人都是有感情的动物，所以以情动人不失为一种增强讲话鼓动性的有效方法。讲话者要善于激发听众的情感，对听众袒露自己内心的想法，对大家说些掏心掏肺的话，这样可以在拉近讲话者与听众心理距离的同时，更能激发大家的热情。在动员讲话中，要善于把以情动人和以理服人巧妙地合起来，会大大增强讲话的鼓动性。

8. 语言生动

语言是动员讲话最重要的形式要素。只有语言生动，才能表达出生动的内容，或者说，只有生动的语言，才能把内容表达得生动，才能吸引听众和读者，才能有效地鼓动大家的热情。语言问题，涉及很多技术性问题，需要讲话者在实践中不断地学习和把握。

当众面试：态度诚恳，彰显个人才华

身在职场，需要进行当众讲话的场合有很多。如何让自己说出的话让别人听起来舒服、轻松、愉快，又能达到自己的目的，这是奠定职场远大前景最需要考虑的问题。同时，通过当众讲话，还可以与上司、同事建立融洽的人际关系。

步入职场最初的一次公开讲话，就是应聘工作时的面试环节。而当众面试必须经过的一个环节就是自我介绍，这是向公司领导展现自己的一个重要手段。自我介绍的好与坏，直接关系到你给公司领导的第一印象以及以后交往的顺利与否。

自我介绍是面试中极其关键的一个环节，由于“前因效应”的影响，这短短两三分钟的自我介绍在某种程度上决定着自己在各位面试官心目中的印象。这样一段讲话将是你所有工作成绩与为人处世的归纳，当然也是你接下来面试的基础，因为面试官会根据你自我介绍中的内容来对你进行适当的提问。因此，如果你想在面试时给面试官留下一个深刻的印象，可以将主要的功夫放在自我介绍上。

在面试中，通常会让面试者做一个简单的自我介绍，时间一般为两三分钟。自我介绍是一个展现自我的机会，作为面试者，需要全面把握自己，突出自己的优点和特长，并有相当的可信度，尤其是具有实际经验的要突出自己具体在哪方面有优势，最好是通过自己做过什么样的项目来验证一下。

求职者需要展示自己的个性，突出鲜明的个人形象，可以利用朋友对你的评价，需要用事实讲话，不能太夸张，少用虚词、感叹词。除此之外，自我介绍时，需要符合常规、符合逻辑，讲话内容层次分明、重点突出，逐渐展现自己的优势，而不是一上来就罗列自己的优点。

这是一位护士在面试时的自我介绍例文：本人于 1985 年毕业于 ×× 省 ×× 卫校护理专业，同年 7 月被分配至某大学第一医院工作至今。曾在心血管、小儿科、普外科和肿瘤科轮转工作过。2002 年 10 月，在全院进行的护士长竞聘上岗竞选中，以良好的优势竞聘为小儿科护士长。

17 年来，本人一直辛勤工作在临床护理第一线，深知广大患者的疾苦和需求，深切体会到护理工作的烦琐及责任重大，也感受到了垂危的生命从死亡线被抢救过来的喜悦。本人年富力强、技术精湛、服务态度热情周到，率先倡导人性化护理的服务理念，特别在心理护理和健康宣教方面，有着较为丰富的临床经验。

本人个性开朗，热情耐心，协作能力较强，有良好的人际关系及语言交流和沟通能力，易于开展病房的管理工作，符合时代对管理人才的要求。本人的服务宗旨是热情、耐心、关爱、创新，尽我所能满足患儿需求。我将用榜样的力量带领全科护士为患儿创建一个温馨、安全、优质、高效的就医环境。

这称得上中规中矩的自我介绍，在整个讲话过程中，没有太多的亮点，只是无一例外地介绍了自己过去的经历以及为人处世。对于这样的自我介绍，我们说不出哪里不好，但是过于规矩，无法给人耳目一新的感觉，将注定被面试官遗忘。

那么，在实际面试中，如何才能让自我介绍打动面试官呢？

1. 清楚地了解自己

在自我介绍之前，我们需要对自己有一个清楚的认识，问自己“你现在是干什么的”“你将来要干什么”“你过去是干什么的”，你需要从现在到将来再到过去进行阐述。首先，你需要将自己与别人区分开，强调自己的不同点，这会让你在众多的面试者中脱颖而出；其次，未来的自我设计，对未来的规划要合理、具体；最后，找到过去经历中与未来的联系点，从这开始谈起，会让面试官有一个更深刻的印象。

2. 投其所好

当你清楚自己的强项之后，需要准备自我介绍的具体内容，包括工作模式、优点、能力、显著成就、专业知识等。虽然优点很多，但你只需要谈一些与该公司有关的内容。比如，对方是一家电脑程序公司，你应该说一些在电脑程序方面的能力。

3. 内容的排序

自我介绍内容的排序是很重要的，内容的编排方式决定着你是否抓住了面试官的注意力。因此，最开始说的应该是最想让面试官记住的事情，而这些事情通常都是你的得意之处，或者列举一些你的相关作品或记录，以此增加你的印象分。

宴会致辞：情感真挚，打造温馨的气氛

众所周知，一场完美的宴会离不开精彩的致辞。优秀的当众讲话者，通过自己风趣幽默的语言、流畅的表达和巧妙的串联，会让宴会更精彩。宴会致辞要根据场合来决定话语的风格。

比如，在婚礼宴会上，可以如此致辞：

良辰美景，喜气洋洋。在这个美好的夜晚，我们欢聚一堂，参加新郎新娘的新婚晚宴。千言万语，无法表达我们的激动、喜悦之情。现在，让我们举起手中的酒杯，向新郎新娘送出我们诚挚的祝福。

祝福你们，新郎新娘，祝福你们百年恩爱双心结，千里姻缘一线牵。你们从相遇、相知、相恋到结婚，一路走来，这段美好的时光成为彼此珍藏的记忆。你们的结合是来之不易的，是彼此珍惜才缔结美好姻缘。从今天开始，你们将建立一个新的家庭，共同谱写一首美妙的爱情交响曲。

祝福你们，新郎新娘，祝福你们天生才子佳人配，只羡鸳鸯不羡仙。婚礼虽然短暂，相爱却是永远；愿你们洞房春意常在，围城风景长存；慢慢变老的，是彼此的容颜；永远不改变的，是彼此的真情。愿你们良宵花烛更明亮，新婚更甜蜜。愿你们新婚快乐，共浴爱河，尝遍人生欢愉和甘甜。

祝福你们，新郎新娘，祝福你们红梅吐芳喜结连理，绿柳含笑永结同心。愿你们在将来的岁月里相亲相敬、天天恩爱、朝朝和睦、白头偕老。

衷心祝福你们，新郎新娘，愿你们幸福美满，心想事成！

这是一则婚礼现场的致辞，在整个言语中，洋溢着的是无尽的幸福和喜气，一连串的祝福语给一对新人带来了美好的祝愿。在这里，语言的风格大多喜气而活泼，这样的风格主要是基于婚礼活动本身的内容而言。因为结婚是喜事，致辞者的每一句、每一个词语自然都需要沾染喜气，才能有效地调动现场的气氛，达到主持的目的。

在实际的晚宴致辞讲话当中，我们必须以晚宴的场合和目的来决定话语的风格，力求做到应情应景。下面这段话，是某公司举行的春节晚宴上的致辞：

（女）今晚，我们欢聚一堂，品尝收获的喜悦。感谢大家，在过去的一年里，上下一心、扎实工作、共同进退、克服困难，圆满地完成了全年的工作任务，取得了可喜的工作成果。在这里，我要向大家真诚地说一声：各位领导、各位同事，你们辛苦了！接下来的一年，我们继续加油！

（男）今晚，我们欢聚一堂，庆祝骄人的成果。在今天的工作会议上，上级领导对公司一年的工作给予了充分的表扬。成绩来之不易，凝聚着全体成员的智慧和心血，凝聚着大家的汗水与奉献。回首来时路，自豪满满；展望未来，前程似锦。在这万事喜庆的日子里，让我们向在座的各位道一声：新年快乐，万事如意！

主持人总结了过去一年的工作，并对未来提出了美好祝愿。语言极富感染力和表现力。宴会致辞的基调是由宴会的性质、内容等诸多因素构成的，它是宴会活动各部分的思想感情的总和。对于讲话者来说，需要运用语言来确定活动的基调，渲染主题，准确地表现出活动“思想感情的总和”。

那么，宴会致辞应该注意哪些问题呢？

1. 话语风格契合活动的主旨

要考虑现场举办的是什么活动，是婚礼宴会，还是新年晚宴，这些都需要在你确定话语风格之前了解清楚。不同的宴会活动有不同的话语风格，讲话者需要做的就是尽可能地应情应景，这样才能达到调动现场气氛的目的。

2. 注意话语禁忌

在现场宴会致辞的时候，还需要注意话语的禁忌。该说的要尽可能多说，不该说的则一句都不要说，否则说了晦气，主人家或听众也会顿生反感。

3. 语言要简洁

简洁，也就是不说废话，“丰而不余一言，约而不失一词”。在现场致辞的时候，讲话要简明扼要、言简意赅，听众最反感那些废话连篇的讲话者。因此，讲话者需要培养良好的语言习惯，戒掉自己的口头禅,比如“嗯”“啊”“是吧”“对不对”等病态词语，可以用一句话说清楚的,绝不用两句话,重复内容时只需一遍即可。

4. 语言要准确

语言的准确性主要包括两个方面：一是普通话的准确，语音纯正；二是语言表达生动而不失规范，活泼而不失严整。在言辞多样化的现代,作为一名优秀的讲话者,更应该强调语言的准确性。

5. 语言表达要富有感染力

有的讲话者不管在什么样的场合，讲话都是一个味儿，究其原因在于没能弄清楚宴会活动的基调。活动不同，基调也是大不相同的，有庄重严肃的，有亲切热情的，有轻松活泼的，也有风趣幽默的。讲话者需要了解活动的主旨，熟悉活动的内容，才能准确使用语言，把握活动基调，真正做到形神兼备。

辩论演说：简练精辟，做到以理服人

辩论，指彼此用一定的理由来说明自己对事物或问题的见解，揭露对方的矛盾，以便最后得到共同的认识和意见。简单地说，也就是当双方或多方围绕一个或几个问题产生了针锋相对的观点时，就需要展开一番讨论，以明确谁是谁非，而辩论就是口头议论的深入化和激烈化。

在现实生活中，即便是对同一件事，由于个体的思想差异，人们的观点和看法也存在一定的差异。因此，不可避免地会出现一些争执或辩论的场景。尽管我们天天都可能在参与他人的辩论，但我们对真正意义上的辩论还是不够了解。

据载，哥伦布发现新大陆后，一些人不服气，在庆功宴上公开说："发现新大陆，有什么了不起？任何人通过航海都能到达大西洋彼岸，这是世界上最简单不过的事……"

对于这样的刁难，哥伦布没有马上回答，而是从桌上拿起一个鸡蛋，说："先生们，这是一个普通的鸡蛋，谁能让它立起来呢？"鸡蛋在宴会者中间传了一圈，也没有人把它立起来。当鸡蛋转回哥伦布手中时，他敲破了鸡蛋的一端，毫不费力地把鸡蛋立了起来。不服气的人顿时吵嚷了起来。哥伦布说："这难道不是世界上最容易做的事情吗？然而，你们做不到。是的，当人们知道了某件事情怎么做后，也许就都很容易了。"

案例中的当众辩论是一种自由辩论，在公开场合，两人由于意见不同而展开了辩论。哥伦布通过一个浅显的例子，揭示了深刻的科学道理，顿时把那些无视科学真理的人驳得哑口无言。

当然，辩论中存在着持不同意见的双方或多方，因为有不同意见才能实现思想的交锋。辩论主要针对同类事物或同一个问题，假如双方谈论的话题不同，就不能实现有意义的辩论。比如“法律是有阶级性的”和“法律是没有阶级性的”，如此两个不同意见的观点才能构成辩论，其中有一个是真的，必有一个是假的，这样需要争论谁是谁非，必然就会引起辩论。另外，辩论的双方或多方需要有共同的认识作为前提，诸如同一律、排中律等。如果没有这些共同的前提，辩论将会变成一场混战，无法得出正确的结论。

辩论要做到言辞稳、准、狠，每一句都要有力度。一场辩论赛就如同打仗一样，你向对方发出的利箭，需要又稳、又准、又狠，如此才能狠狠地打击敌人，使其败下阵来。这样的方式若是用在实际辩论中，就需要拿出言辞的力度，你反对对方的哪些观点，你以什么样的依据来反驳对方，是否能一下说到问题的关键点，辩论是否有力，等等。这些都需要通过言辞来表现。

在当众辩论中，如何才能让自己的语言更有力呢？

1. 逻辑要严密

辩论这场“战争”，需要讲话者有严密的逻辑推理，不仅让自己的观点稳如泰山，而且让自己的反驳锋芒毕露、决若江河，让对手只有招架之功，而无还击之力，否则你的言辞起不了多大的作用。

2. 所掌握的资料要准确

在辩论中要做到“稳”“准”，就意味着你所说的每一句话都是准确的，如此才会彰显语言的力度。当然，既然言辞需要准确，那必然要求你所掌握的材料应该准确而全面。

3. 多做准备工作

如果你想在辩论中取得胜利，就需要为其做足准备工作。这样的准备工作不仅要细致，更需要全面。许多人总觉得辩论是逞口舌之快，没有必要多做准备，这样造成的后果往往是在辩论场上仓促发言，东拉西扯，说不出要点，要么就是因紧张而失言。总而言之，对辩论的准备不充分，将会给辩论带来很不利的结果，甚至造成辩论最后的失败。因此，就像当众讲话一般，在进行当众辩论之前，要为其做好细致而全面的准备工作。

4. 摆事实，讲道理

在实际辩论中，我们要多做事实辩论，尽可能使用较多的现实材料，增强语言的说服力，以此驳倒对方。俗话说："事实胜于雄辩。"对于那些以偏概全的诡辩，我们只需要列举出一个与其结论相反的事例，就可以对对方的言论进行反驳。因为同素材的两个判断不可能同时是真的，假如举出一个反例，其中一个是真的，那另外一个也就不可能是真的。

在辩论中多用现实材料，通过摆事实、讲道理来说明自己的观点和主张。所谓摆事实，就是用事例来证明自己的观点，可以用古今中外的典型事例，这种方式是辩论中最常用的方法。那些典型有力的事实论据比一般的说理更强有力。如果在辩论中选取一些典型的事例作为论据，无疑会增强言语的说服力。

竞聘演讲：准确恰当，公正评价自我

竞聘演讲，是向在场的听众营销自己，能够比较全面地反映竞聘者的基本情况和素质，是竞聘者能否被聘用的重要依据。随着工作中大力引入竞争机制，竞聘讲话将会得到更为广泛的应用，越来越受到人们的重视。

竞聘演讲和当众面试最大的差别在于，竞聘演讲的竞争性要比普通面试激烈得多。一般而言，普通面试没有适当的候选人。竞聘演讲则通常是从既定的候选人当中，选出一个或几个最优秀的人当选，这意味着一定会有人落选。所以，我们必须认真严肃地对待，才可能在众多候选人中脱颖而出。

公开竞争，择优选聘，在公开招聘人员的整个过程中，竞聘讲话是至关重要的一环，竞聘者要想“中标受聘”，竞聘讲话将起到关键的作用。然而，在竞聘讲话中，很多人说得不够规范，无论从内容阐述，还是讲话方式上，都不同程度地存在这样或那样的问题，直接影响了竞聘的效果。因此，如何做好竞聘讲话，是摆在每个竞聘者面前的一个重要课题。

那么，竞聘演讲要怎么说才精彩呢？

首先，竞聘讲话要说出新意来。自我介绍以学历、经历、业绩、特长等为主要内容，但如果像报户口一样喋喋不休地逐一陈述，很容易激起听众的厌烦心理，使你的讲话因平淡无奇而失败。因此，自我介绍要尽量说得新颖别致、攫住人心，从内容到形式都要力求新奇，从材料到语言都要力争别致。唯有新颖别致，才能吸引人、打动人，真正收到备受瞩目之效。

其次，竞聘演讲要借用事实讲话。竞聘讲话时，一般都需要讲话者抓住自我介绍的时机，充分展示自己的业务和理论水平。

值得注意的是，这种展示需要把握好度，如果超过了度，展示就成了自吹自擂，反而引起听众的反感。要想达到既展示自己，又赢得听众好感与信任的目的，在进行讲话稿的写作时就必须保持冷静，用事实讲话，以事实为依据，使听众自然而然地从这些事实中肯定你的能力与成绩。

再次，竞聘讲话要详略得当。竞聘者的经历可能很丰富，成绩可能很突出，能力可能很全面，但在自我介绍时绝对不可事无巨细、面面俱到，必须做出谨慎的取舍。凡是与竞聘职务相关的内容要重点介绍，与此无关的内容则要舍弃，或只是轻描淡写，几句话一带而过。这种有针对性的自我介绍会使竞聘者所要表达的内容在听众的心目中留下深刻的烙印，有助于竞聘成功。

最后，竞聘讲话应顺应民心民意。竞聘是一种具有竞争性的活动，因此竞聘讲话具有强烈的对比性和竞争性。竞聘者若想在讲话中迅速赢得评委及听众的信任和好感，就应该在最先的自我介绍中讲出最能打动民心、顺应民意的内容，充分调动起评委和听众的积极性，从而使其在对众多竞聘者的比较中认同你、信赖你。

总的来说，竞聘讲话要做到以下几点。

1. 讲求真实性

在竞职讲话中，介绍个人经历要特别讲求真实性。经历是指亲身见过、做过或遭遇过的事情，任何虚假的内容都不能称其为经历。讲话者只有以实事求是的态度，说真话、讲真事，才能以强烈的真实感赢得评委和听众的信任。

讲话者在简要说明自己的资历、政治面貌、文化程度和技术职称后，应着重介绍自己的工作经历。无论是参加工作和调动工作的时间，还是工作单位和任职情况，都要讲得既具体又确切，让评委和听众感到真实可信。

2. 注重简要性

竞职者在讲话中介绍个人简历，必须注重简要性，力求简明扼要，绝不能为了展示自己而面面俱到，喋喋不休。只有简要介绍个人经历，才能避免出现重点不突出、中心不鲜明的弊病。一上台就简明扼要地介绍自己的姓名、年龄、学历，以及过往任职情况。这样的个人简介，重点突出，针对性强，会给评委和听众留下鲜明的印象。

3. 体现实效性

在竞职讲话中，讲话者必须根据竞职目标的需要，来确定介绍的内容，不能随心所欲地介绍情况，否则讲得再多，也起不了多大作用。实践经验表明，只有介绍与竞选的岗位职务有密切关系的个人经历，并能突出自己在这些方面的实力和优势的讲话者，才容易获得评委和听众的关注和认可。

比如，讲话者针对竞选目标，着重介绍了自己在小学和初中阶段长期担任文娱委员的经历，不仅说明了工作经验丰富，而且证实了工作成绩优异。这就充分展示了竞选者的文艺才华，突出了竞争优势，显然会获得“选民”的信任和支持。

4. 突出特殊性

由于家庭出身、学习环境以及社会际遇的差异，每个人的经历都有与别人不尽相同之处，这个不同点也许就是一笔独特的人生财富。因此，竞职者在介绍个人情况的时候，一定要把自己与任职条件有关的特殊经历讲出来。这样做，不仅可以突出“人无我有”的优势，而且能够以与众不同的新意引起评委和听众的特别关注和格外重视。

就职讲话：情真意切，博取听众好感

就职讲话就是你在就职时需要进行一场公开演说，如果你说得好，上级对你会有更好的评价。要做好一场就职讲话其实不太难，关键是你要掌握好就职讲话的技巧。

就职讲话前要做足准备。在你进行就职讲话前，你需要了解你的职务，话题可以由此展开。你还要写好你讲话的内容或提纲，要有条有理，思路清晰。完成讲话稿后，你就要熟悉你的讲话内容，这样方可保证演说效果。

就职讲话要观点明确。进行就职讲话，你的观点必须足够明确，充满理性，让人一听就会明白，使你的演说充满说服力，切勿东拼西凑，缺乏真情实感。

就职讲话要注意语言运用。你需要严谨地对待你的就职讲话，但它并非一场学术性的讲话。所以，你所运用的应是口语化与简单易懂的语言，你说得越简洁、流畅，就越能给听众留下深刻的印象。

就职讲话要结合实际。这就是说，你可在你的讲话中加入一切时事的东西或正在流行的元素，增加演说的趣味性。你的讲话应避免出现争议性话题，惹人非议。

就职讲话要建立自信心。在台上进行就职讲话时，台下可能坐满了听众，面对众人的目光与期盼，你可能会感到胆怯，这时候，你的自信心就该出来救场了。自信心的建立非一蹴而就，你需要在平时就锻炼自信心与胆量，使自已充满底蕴，自信满满。

就职讲话要注重场合和身份。为了加强现场效应，就职者现场讲话必需注重这三个方面的因素：时间、场合、听众。

就职讲话是在特定的时间背景下举办的，在讲话稿的写作中，特意表现某种具有非凡意义的时刻并加以剖析，不仅可以调动现场的气氛，还可以引发听众的共识。

一般来说，就职者发表讲话的场合，也就是他开始新工作的场合。因此，突出场合特点有助于讲话者表达真情实感。在就职讲话中，听众的回应直接关系到讲话的结果。因此，必需注重听众的身份特点和头脑倾向，通过讲话照应，加强现场交换感。

总之，就职讲话要借“时”发挥。就职讲话总有特定时间，有的领导干部巧借就职年份这个特定的时间尽情发挥，非常成功。就职讲话还可以借“物”发挥，讲话构思要新颖，巧妙地借他物寓以深刻的意义，发挥自如。

就职讲话具有以下几个特点。

1. 真切俭朴

就职者怀着真挚的情绪进行讲话，应该让听众感到格外亲切自然。讲话要真切、俭朴，切不可矫饰文采、装腔作势。

比如，一位新市长在就职讲话中说：“同志们，我的权利是在座的列位代表给的，也是全市七十万长者乡亲给的，我没有理由不把事情做好，我没有权利践踏这个神圣的职责。

如果由于本人失职，对党、对人民造成不该有的损失，那么我将主动摘下市长这顶‘乌纱帽’，回家卖红薯！这就是我要向人民群众申请的最忠实的批注！”

这段话真切、俭朴，充分展示了一位领导干部的责任感和进取心。

2. 简洁明快

就职讲话实际上就是新上任的人在特定的情景中对听众的一次正式表态和亮相。因此，讲话稿的篇幅一般比平时的公众讲话都要短小，这就要求讲话者必须做到语言简洁、明快，切忌夸夸其谈、拖泥带水。

比如，一位新上任的妇联主任，这样发表她的就职讲话：“大伙儿选我当妇女的头儿，算是瞧得起我。请婶子、大娘、姐妹们安心，我也是妇女，也有丈夫，有家，也生过孩子，我知道哪些好处该为咱妇女去争，哪些事该咱妇女去干。我先试着干一年，干不好，大伙儿再另选别人。”短短几句话，简洁明快、干净利落，赢得了现场听众热烈的掌声。

3. 诙谐幽默

就职讲话的场所一般比平常的场合都要庄重些，但这并不意味着全部就职者都要板着面孔来讲话。你可以按照讲话需要，增加一些诙谐幽默的话语，往往会得到出人意料的现场效果。

比如，一位新当选的农村支部书记这样开始他的就职讲话：“这次党员大会推举，我再次当选支部书记，得了180%选票。不要笑，这里头80%是大家投的票，尚有100%是我本身投的票……”这个开场白，出人意料、别出心裁，接下来讲话者对两个百分比进行了特别的说明，讲话诙谐幽默，让人觉得他厚道而充满自信。

即兴演讲：激情充沛，争取先声夺人

即兴演讲是在特定的场合中以特定的身份、针对特定的事情和特定的听众对象进行的即兴讲话。要成功地进行即兴演讲，必须做到把握现场气氛，与听众产生共鸣。

生活是丰富多彩的，不同的场景有不同的现场气氛，或庄重严肃，或轻松愉快，或喜庆热烈，或悲伤肃穆。即兴演讲的感情基础一定要与场景气氛相协调，只有这样才能使听众产生好感。反之，则会大煞风景，使人难堪，演讲者的形象也会严重受损。

即兴讲话要了解听众，把握讲话分寸。在各种场景的即兴演讲中，有的听众构成较单一，有的听众构成则较复杂，只有了解听众各方面的差异，才能避免顾及不全、冷落某些听众的情况发生，才能做到出言得体、分寸适度、恰到好处。同时，要考虑清楚你与听众的关系怎样，你是站在哪个角度、以怎样的身份、代表谁来讲话。是同学、同事、上级，还是客户。只有这样，演讲才能做到具有针对性。

即兴讲话要做到先声夺人，就要有精彩的开场白。一个好的开头才能唤起听众的兴趣，产生巨大的吸引力，从而紧紧抓住听众的心，让他们产生非听不可的欲望。精巧的开场白可以画龙点睛地勾勒出话题的主旨，并自然顺畅地引领下文，将听众带进声情并茂的讲话情景中，为听众接受讲话内容奠定基础。

一个拥有演讲经验和演讲学识的演讲者，都很重视即兴讲话的开场白。原因很简单，开场白是讲话者向听众出示的第一个、同时也是最重要的信号，能否抓住听众的心、引发他们听的兴趣以及积极性，就取决于这最初发出的信息。

一位监考员在监考开始时说："同学们，考试就要开始了。大家都是久经沙场的老战将，对考场纪律、考试规则可以倒背如流，我就不再重述了。我作为一名监考者，既是一名服务员，又是一名裁判员。我将给大家提供最佳的服务，只要你举起一只手，我必定回报'我来了'，不敢有丝毫的怠慢。但裁判员的身份又要求我是公正的，望我们互相关照，并原谅我的公正和严厉。最后祝大家考出优异的成绩。"

这段开场白说得非常美妙，犹如和煦的春风，使听众紧张恐惧的心情平静下来，进入最佳的心理状态。此外，它还沟通了监考讲话者和听众的心，二者之间对立的情绪烟消云散，使听众树立起自觉遵守纪律的意识。

著名作家张恨水在成都中央大学的即兴讲话中说道："今天，

我这个鸳鸯蝴蝶派的作家到大学来讲话，感到很荣幸。我取名‘恨水’，不是因为什么情场失意，而是因为我喜欢南唐后主李煜的那首《乌夜啼》中的‘恨水’二字，我就用它做了笔名。”

这种开头把自己的文学流派、性格、爱好，毫不隐瞒地说了出来，给人留下一种真诚、坦率的印象。

那么，在实际的即兴讲话中，我们如何做到在开场白就先声夺人呢？可以采用下面几种方式。

1. 顺手拈来式

顺手拈来式，即接过别人的话头，顺势发表讲话。这样的即兴讲话可以连接前一位发言者的讲话，也可以顺势发表自己的见解。但是，需要找到前面发言者和自己所讲话题的切合点，才能巧妙地使用。

2. 自我贬低式

自我贬低式的开场白，也可以使气氛更轻松活跃。开场白采用自我贬损，不但表现了讲话者的坦率幽默、机智随和，而且备受听众的欢迎。

3. 自我介绍式

自我介绍式的开场白，即开头自我介绍，可以介绍自己的姓名、身份、职业、经历、爱好，或者表明自己的立场观点。这种开头形式给人一种诚挚、坦率的感觉。

4. 开门见山式

一开始便亮出自己的观点。你想要支持什么、否定什么，清楚明了地直接说出，不拐弯抹角。一开始就用高度凝练的语言把基本的目的和主题告诉听众，引起他们想听下文的欲望，然后在主题部分加以详细的说明和阐述。这是一种提纲挈领式的手法，立即进入正题，不迂回、不啰唆，不要任何多余的语言。

5. 语出惊人式

这是吸引听众、展开演讲最直接的办法。一种做法是：一开场，你就用稍高的声调和音量演讲，把大家一下子“镇”住，等大家把注意力投向你的时候，你再用正常的语调演讲。另一种做法是：开口就说出几句不寻常的话。比如，你要讲“学好普通话很重要”的内容，你一开场却先说几句方言，同样能有语出惊人的效果。

接受采访：自信从容，尽展个人魅力

很多领导者都需要经常接受采访，面对记者的提问，回答的是否恰当对领导者和企业的形象会造成很大的影响。因此，在接受采访前，一定要做好充足的准备。因为记者的问题各式各样，有的问题敏感，有的问题刁钻古怪，让领导者不知如何回应。如果没有事先准备，被记者问到，答不上话来，那就是件很尴尬的事情。

就算和记者提前预约好，也要多做几手准备，以防万一。通常，记者为了使报道更加吸引读者的眼球，会对某些问题打破砂锅问到底，有时还不能避免一些题外话。所以，被采访者一定要做好精心准备，只有这样，才能在镜头前自信从容、游刃有余，给记者和大众留下好印象。

无论是记者招待会还是个人采访，都有时间限制，被采访者一定要把控好采访时间。你可以根据实际情况，配合记者调整采访时间，但一定要把握主动权。在被采访的过程中，你要知道采访进行了多长时间，随时把握好谈话的方向和内容，不要被记者牵着鼻子走。

在采访中，领导者也可以用一些幽默的话语来活跃现场的气氛。当然，一般来说，领导者讲话要严肃认真，但如果脸上一丝表情都没有，就会给人冷若冰霜、不近人情的感觉。这对于领导者正面形象的塑造是很不利的。所以，在采访过程中，适时穿插一些轻松有趣的话语，会使传播效果更好。

那么，具体说来，我们应该如何应对新闻媒体的采访呢？

1. 从心理上接受采访

讲话者在接受采访时，首先要从心理上接受这件事，不要有抵抗采访、恐惧采访等影响讲话水平发挥的负面心态。面对记者采访，我们往往存在四种负面心态。

一是恐惧采访的心态。不少领导者每次看到记者来都下意识地恐慌，担心发生什么大事，不能保持镇定自若的心理状态。这对讲话者来说相当不利，因为恐惧慌张的心理会导致你行为失措、自乱阵脚，这样往往容易说错话，甚至轻易让记者乘虚而入，抓住你的弱点。

二是轻视采访的心态。如果讲话者存在看不起采访记者、看不起记者身后的媒体等轻视采访的心态，则自然而然地不重视被采访的事件，在被采访的过程中随心而说、不计后果，结果往往会造成不可挽回的负面影响。

三是躲避采访的心态。认为记者无中生有、小题大做，所以禁拍禁录，甚至对记者动粗，这一系列行为会直接激怒记者。

如果讲话者存在躲避采访、抗拒采访的消极心态，也是一个很不利于应对采访的负面心理因素。有些领导者总是找借口推掉记者的采访，或者和记者约好了采访，到了采访时间却故意消失，让记者或扑空或坐冷板凳，这都解决不了问题。要知道，很多记者都有坚持不懈的精神，所以还是需要我们去勇敢面对，解决现实问题。

作为持有话语权的领导，其实没有必要害怕记者采访。讲话者接受采访对自己是有利的，可以起到宣传自己或自己所代表的企业、机构的作用，能够维护企业机构的品牌形象。即使自己或企业、机构遇到负面新闻，处于风口浪尖上，也没有必要害怕采访。因为在采访的过程中，讲话者可以解释说明事情的来龙去脉，用自己的语言去化解被众人误会的事端。

当然，有时讲话者遇到非常棘手的问题，不容易处理。比如，处理一些大众对于企业或个人的恶意投诉，其内容具有与事实严重不符的片面性和夸大的成分，并见诸报端或其他网络媒体。如果这时躲避、拒绝采访，其实就是默认这些恶意投诉的合理性，不即时出来澄清说明，接受记者采访，将会造成更大的误会，各种媒体平台也会以为这就是事实，从而放心地报道。所以，作为拥有话语权的领导，应保持理智的心态和清醒的头脑，用热情的态度来接待记者，这样做才是对自己和企业都有利的。

2. 接受采访时提高敏感度

俗话说，害人之心不可有，防人之心不可无。我们虽然相信大多数记者都具有较高的素质和职业道德，但也不能避免一些居心叵测的人混入这个队伍，以达到一些不可告人的目的。因此，被采访者一定要提高敏感度和警惕心，正确接受采访。不少被采访者由于一时疏忽，对某件事情判断失误，给自己带来很大的负面影响，后悔莫及。被采访者要提高敏感度，在接受采访中应注意以下几点：

第一，尽量避免电话采访。一般而言，被采访者应尽量避免电话采访，因为电话采访有一个弊端，那就是容易被人录音。如果被采访者不小心说了对自己、对企业机构不利的话，而被记者录音，成为证据，那就百口莫辩了。电话采访的另一个弊端是不能判断采访者的身份。因此，正确的做法是，可以用信号不好或没有时间等理由委婉拒绝电话采访，可以约定与对方当面采访的时间。

第二，确认采访人员的身份。就算和记者约好要当面采访，遇到采访人员上门采访时，一定要对方出示记者证，以免别有用心的人假冒记者，或一些本来资质不够的人混了进来，这些都对我们个人或企业存在不利因素。除了让其出示记者证这个方法以外，在接受采访前，我们还可以通过网络平台或向其工作单位打电话查询验证采访人员的身份。只有详细、认真地确认采访者的身份，才能避免骗子混入胡乱套话。

第三，积极向上级汇报采访情况。如果还有上级领导负责采访事宜，被采访者应该在每次采访前后详细汇报采访情况，说明采访事件发生的时间、地点、原因、为此所作的准备，以及接受采访后的情况等。这样做的好处是，可以和团体成员一起应对即将发生或已经发生的采访难题，利用集体的智慧来化解难题或风险。

3. 维护个人和集体形象

被采访时，被采访者一定要注意维护个人及集体形象，要对自己的言行负责，对自己及自己代表的公司、机构的形象负责，不要做出让自己、企业机构荣誉受损的事。那么，在接受采访的过程中，被采访者如何做才能维护个人和集体的形象呢？

第一，被采访者应该提前做好准备。只有熟知采访内容，有备而谈，才能避免被动的情况发生。如果被采访者在采访前没有做好充足的准备，那么采访时很有可能被记者牵着鼻子走，别人问什么就答什么，甚至对于一些故意刁难的问题毫无心理准备，紧张之余难免发言失误，等到采访结束后才后知后觉，那就无力回天了。所以，我们一定要提前做好准备，可以在约定采访时间后，提前将记者要问或可能要问的问题全部列出答案，当然还可以提前和记者约定，明确需要讨论的问题，提醒对方哪些提问雷区自己将不会作答等。

第二，避免言多必失。如果被采访者需要面对负面新闻事件，应尽量避免采访时间过长、说得太多的情况发生。一般而言，记者采访的时间只有几十分钟，在采访节目播出时甚至会缩短一两分钟，所以说大部分采访内容是毫无用处的。有些记者为了收视效果，断章取义，故意曲解我们的讲话内容。为了避免这种情况发生，就需要我们多留意一些，注意掌握采访时间，讲话要简练，与问题无关的事情多一个字都不提，避免言多有失。

第三，积极应对，阐明措施。在接受采访的过程中，无论面对的是正面的事件还是消极的事件，都应该积极应对，不要躲躲闪闪。向记者解释说明事件发生的原因，或着重阐明我们为这件事做出了哪些积极的措施、采取了哪些科学有效的方法，以示对这件事的重视程度。这样，可以成功地树立个人和企业机构的正面形象，消除负面影响。

第四，用心沟通，争取理解。很多被采访者在接待记者采访时，如临大敌。其实，没有必要那么紧张，只要用心和他们沟通，热情地对待他们，将他们视为朋友，他们也是会理解我们的。可以向记者说明我们工作的难度、为此做出的努力，以及今后将会负责到底的决心，甚至可以请记者提出一些建议。如此真诚沟通，赢得记者的理解也不是一件难办的事，记者理解我们后，报道也会转向对我们有利的一面。

图书在版编目(CIP)数据

当众讲话的艺术：一分钟助你赢得人心 / 崔伟著 . —北京：中国法制出版社，2019.7

ISBN 978-7-5216-0318-7

Ⅰ . ①当… Ⅱ . ①崔… Ⅲ . ①口才学－通俗读物 Ⅳ . ① H019-49

中国版本图书馆 CIP 数据核字（2019）第 134880 号

策划编辑：李佳（amberlee2014@126.com）

责任编辑：李佳 黄一迪　　封面设计：汪要军

当众讲话的艺术：一分钟助你赢得人心

DANGZHONG JIANGHUA DE YISHU：YI FENZHONG ZHU NI YINGDE RENXIN

著者 / 崔伟

经销 / 新华书店

印刷 / 三河市国英印务有限公司

开本 / 880 毫米 ×1230 毫米 32 开　　印张 / 8 字数 / 164 千

版次 / 2019 年 7 月第 1 版　　2019 年 7 月第 1 次印刷

中国法制出版社出版

书号 ISBN 978-7-5216-0318-7　　定价：39.80 元

北京西单横二条 2 号 邮政编码 100031　　传真：010-66031119

网址：http://www.zgfzs.com　　**编辑部电话：010-66038703**

市场营销部电话：010-66033393　　**邮购部电话：010-66033288**

（如有印装质量问题，请与本社印务部联系调换。电话：010-66032926）